Frank Mc Murry

Herbert Spencers Erziehungslehre - Eine kritische

Untersuchung

Frank Mc Murry

Herbert Spencers Erziehungslehre - Eine kritische Untersuchung

ISBN/EAN: 9783744643320

Printed in Europe, USA, Canada, Australia, Japan

Cover: Foto ©Paul-Georg Meister /pixelio.de

More available books at **www.hansebooks.com**

Herbert Spencers

Erziehungslehre.

Eine kritische Untersuchung.

Inaugural-Dissertation,

der

philosophischen Fakultät der Universität Jena

zur

Erlangung der philosophischen Doktorwürde

vorgelegt

von

Frank Mc Murry.

Gütersloh.

Druck von C. Bertelsmann.

1 8 9 0.

Seinem Bruder

Herrn Dr. C. A. Mc Murry

gewidmet

vom

Verfasser.

Kapitel I.

Grundbegriffe von Spencers System der Philosophie.

Eine wissenschaftliche Pädagogik setzt ein System der Philosophie als Grundlage voraus und besitzt als wesentliches Merkmal die organische Gliederung ihres Inhaltes. Die Spencersche Erziehungslehre erfüllt nur die erste Bedingung. Ein System der Pädagogik im vollsten Sinne des Wortes hat er nicht geschrieben. Sein Buch über Erziehung enthält vier Aufsätze. Dieselben waren als selbständige Abhandlungen zu verschiedenen Zeiten in Zeitschriften erschienen und wurden erst später zu einem Ganzen vereinigt, ohne jedoch in einen inneren Zusammenhang, in ein System, gebracht zu werden. Obwohl sie nun äufserlich unabhängig voneinander erscheinen, so findet man doch bei tieferem Eindringen einige Lebensanschauungen, welche im Grunde die Richtung der Gedanken des ganzen Buches bestimmen und zum Teil inhaltlich verknüpfen, so dafs die Schrift doch in einem gewissen Sinne Anspruch auf systematische Einheitlichkeit erheben kann. So kommt z. B. der Begriff der Evolution stellenweise sehr klar zum Vorschein, und gewinnt für das Ganze eine mafsgebende Bedeutung.

Diese wenigen leitenden Anschauungen, welche, obwohl scheinbar unter sich getrennt, doch die verschiedenen Teile der Pädagogik zu vereinigen streben, finden selbst ihre Einheit in Spencers grofsem philosophischen Gebäude. Da sind ihnen ganz bestimmte Plätze angewiesen, und sie machen mit anderen einen vollständigen Bau aus; d. h. sein System der Philosophie bildet ein festgeschlossenes Ganze. Seine Pädagogik aber ist die Anwendung einiger Principien aus demselben auf ein praktisches Gebiet. Wer sie allein betrachtet, dem dürfte sie zusammenhangslos und auch unvollständig erscheinen und manche Ansichten werden ihm als starke Übertreibungen auffallen; der Kenner des philosophischen Systems Spencers aber wird dieselben als Ergebnisse des Ganzen auffassen und sie als berechtigte Folgerungen desselben anerkennen.

Aus diesem Grunde haben wir zunächst uns dem philosophischen System als Ganzem zuzuwenden und diejenigen Principien herauszugreifen und zu betrachten, welche in seiner Pädagogik von grundlegender Bedeutung sind. Hier liegt es uns demnach nicht ob, ihren Zusammenhang unter sich nachzuweisen und einen Umrifs der ganzen Philosophie zu geben. Es handelt sich nur um die Erklärung derjenigen Begriffe, welche zu den Lehren seiner Pädagogik in inniger Beziehung stehen.

Von höchster Bedeutung sind zunächst des Philosophen r e l i g i ö s e und e t h i s c h e A n s i c h t e n, weil sie das Ziel der Erziehung bestimmen.

Wir fragen darum zuerst: Welche Stellung nimmt Spencer zur R e l i g i o n ein? — Als Positivist giebt es für ihn ein Reich des Unerkennbaren und des Erkennbaren. Jenem gehören die letzten Begriffe der Wissenschaft, wie Raum, Zeit, Materie, Bewegung, Kraft, Substanz der Seele etc. an. Was sie an sich sind, wird niemand je wissen; man k a n n es nicht wissen; sie sind in der Hinsicht ganz und gar unbegreiflich. Man beschäftigt sich daher besser mit anderen Sachen. Diesem Reich des Unerkennbaren gehört auch der Begriff G o t t an. Seine Eigenschaften kann man gleichfalls nicht erkennen. Gott als eine absolute, unendliche Ursache übersteigt nicht blofs das menschliche Wissen, sondern auch das menschliche Fassungsvermögen. Wer Gott eine Persönlichkeit zuschreibt, spricht über etwas, worüber er absolut nichts weifs.

Dem Reiche des Erkennbaren gehören die Erscheinungen an, welche die E r f a h r u n g darbietet. Durch letztere wissen wir aber nur eins über das Erkennbare: Es ist das Relative. Da aber ein Relatives ein Absolutes notwendigerweise voraussetzt, so müssen wir auch die E x i s t e n z eines Absoluten bejahen, wenn wir es auch blofs auf diese negative Weise als unfafsbar erkennen können. Spencer hält somit den „dem

unerkannten und unerkennbaren Gott" gewidmeten Altar, gegen
welchen Paulus so sehr eiferte, aufrecht. „Ein erkannter Gott
wäre kein Gott mehr", würde er mit Jacobi behaupten. Religion
im gewöhnlichen Sinne, oder Glaube an Gott, sei reiner Aberglaube: der Protestantismus sei eine „hebräische Mythe."[1])
Zwar sagt er in seiner Pädagogik: es ist ein grofser Vor-
zug der Wissenschaften, dafs sie einen starken religiösen Einflufs ausüben. Diese Religion, von welcher er spricht, wird
allein die wahre genannt im Gegensatze zu den herrschenden.
Was er darunter versteht, ist jedoch unklar. Im ganzen scheint
sie hinauszulaufen auf eine Bewunderung der Natur, wie sie
tiefe, wissenschaftliche Studien erzeugen. „Hingabe an die
Wissenschaft ist ein stiller Gottesdienst," sagt er, „eine schwei-
gende Anerkennung des in den Dingen und damit auch in
deren Urheber erkannten Wertes". Damit ist es klar, dafs
wenn Spencer folgerecht bleibt, die christliche Religion keine
Rolle spielen kann in dem Aufstellen des Zieles der Erziehung,
oder bei der Auswahl des Lehrstoffes.

Wie steht es nun mit seinen ethischen Ansichten?
Der Zweck des Lebens ist Glück, „das gröfste Glück
der gröfsten Menge Menschen." In dem Jagen nach diesem
ist man nicht durch allgemeingültige oder absolute Werturteile zu belästigen. Es giebt kein absolut Gutes oder
Böses. In dem Streben nach dem Ziele ist alles recht, was
ans Ziel bringt, oder wenigstens mehr dazu hilft als hindert.
Dabei mufs man nicht an sich allein, sondern auch an die
Gesellschaft denken. Was im ganzen glücklich macht, ist
gut, was im ganzen unglücklich macht, ist böse; oder mit
Spencer zu reden: „Handlungen sind gut oder böse, je nachdem ihre Gesamtwirkungen der Menschen Glück oder Unglück
vergröfsern".[2]) Zwar denkt man oft anders: man glaubt wohl,
dafs Handlungen an sich, d. h. ohne alle Rücksicht auf ihren
Nutzen, gut oder böse sind. Dem aber ist nicht so; man über-
lege nur, wie man zu diesen Begriffen gekommen ist. Man
sagt, ein Messer ist gut, wenn es gut schneidet; ein Haus ist
gut, wenn es genügendes Obdach bietet. Gutes Wetter heifst
das, welches uns erlaubt, gewisse Wünsche zu befriedigen.

---

[1]) Principles of Psychology, 3. Aufl., London 1881. Williams and
Norgate. B. I, 5. S. 466. Anmerkung.
[2]) Data of Ethics. By Williams and Norgate. London 1879. S. 40.

Das ist ein guter Jagdhund, der es versteht, dem Jäger das
Wild geschickt aufzujagen. Ein Mensch springt gut, wenn er
weit springen, er läuft gut, wenn er schnell laufen kann.
Auf der andern Seite: das ist ein schlechtes Paar Stiefel,
welches das Wasser einläfst. Das ist schlechtes Wetter,
welches an der Befriedigung bestimmter Wünsche hindert.
Eine Katze heifst schlecht, wenn sie nicht Mäuse fängt. Der
Mensch ist ein schlechter Springer, wenn er nicht weit springen,
ein schlechter Läufer, wenn er nicht schnell laufen kann. Dies
alles bedeutet einfach, dafs das gut heifst, was seinem Zwecke
entspricht, dafs das böse oder schlecht heifst, was diesem
Zwecke nicht entspricht. So ist es auch mit allen menschlichen Handlungen. Nach ihren Wirkungen sind sie gut oder
böse zu nennen. Nur in einem Sinne darf man von dem
absolut Guten sprechen; d. h. „absolut gute Handlungen sind
rein glückbringende, sowohl in ihren unmittelbaren als in ihren
mittelbaren Wirkungen."[1]) Diese Begriffe sind also rein aus
der Erfahrung entwickelt worden. Daraus folgt, dafs man
von Pflicht im gewöhnlichen Sinne nicht reden kann. Sie ist
nur Einbildung. Es ist wahr, dafs man sich oft gleichsam
moralisch gezwungen fühlt, eine gewisse That zu begehen,
z. B. die Wahrheit zu sprechen; aber dieses Gefühl der Pflicht
ist nur eine Abstraktion aus den vielen Fällen der Erfahrung,
die die Überzeugung mit sich gebracht haben, dafs das Sprechen
der Wahrheit im ganzen mehr zum Wohle als zum Wehe des
Menschen dient. So ist es mit allen sogenannten Tugenden;
durch die Erfahrung hat man wiederholt ihren Nutzen so deutlich
gesehen, dafs man sich endlich verpflichtet fühlt, tugendhaft
zu handeln. „Aber", wendet man ein, „zeigt nicht ein Kind
dieses Gefühl, bevor es überhaupt Erfahrungen genug gesammelt hat, um diese Begriffe selbst im kleinen zu entwickeln"?
Ja wohl. Dennoch geschieht dies nicht, weil solche Begriffe dem
Geiste des Menschen ursprünglich angehören. In dem langen
Entwicklungsgange des Volkes haben Erfahrungen solche Begriffe allmählich dem menschlichen Geiste eingeprägt, und das
Kind der Gegenwart erbt dieses Resultat der Erfahrungen von
seinen Vorfahren. Deswegen können die Begriffe, als Keime, sehr
früh im Leben des Kindes zum Vorschein kommen. Wie man

---

[1]) Data of Ethics. S. 262.

sich dies zu denken hat, wird in dem Kapitel über das Lehrverfahren, bezüglich die Kulturstufen, vollständiger erklärt werden. Wir brauchen vorläufig nur festzuhalten, daſs Spencer im Gegensatze zu Herbart absolute Werturteile leugnet. Gut und bös sind Begriffe, welche von der Erfahrung herrühren und mit nützlich und schädlich synonym sind. So viel über Spencers Ethik.

Weil Spencer auch die christliche Religion verwirft, so werden notwendigerweise sein Unterrichtsziel und seine Stoffauswahl ganz anders sein müssen als bei denen, welche wie Herbart die christliche Religion und eine absolute Ethik anerkennen. Der Eudämonismus ist für ihn der leitende Gesichtspunkt.

Die Lehre von der Evolution der Begriffe des Guten und Bösen hängt zusammen mit dem Grundprincip des ganzen Systems Spencers, mit der Evolutionstheorie, und zu dieser wollen wir jetzt übergehen. Vorläufig handelt es sich nur um einen allgemeinen Begriff der Theorie; ihre Anwendung auf die Pädagogik wird erst im Laufe der weiteren Besprechung klar gelegt werden.

Deutsche Physiologen haben festgesetzt, daſs ein Organismus in dem Gange seiner Entwicklung von einem homogenen zu einem heterogenen Zustande fortschreitet. Jeder Keim ist anfangs eine homogene Substanz, nicht nur in der Verbindung seiner Teile, sondern auch in seiner chemischen Komposition. Aber nach und nach verschwindet diese Homogenität; durch unendlich viele Veränderungen und Differenzierungen tritt an ihre Stelle ein mit zahlreichen Organen versehenes Wesen, eine Pflanze oder ein Tier. So verläuft die Geschichte jedes Organismus. Spencer behauptet, daſs dieses Gesetz der organischen Entwicklung „das Gesetz" aller Entwicklung überhaupt sei; daſs das Werden der Erde, des Lebens auf ihrer Oberfläche, der Gesellschaft, der Regierung, des Handels, der Sprache und Litteratur, der Wissenschaft und Kunst, demselben Gange gefolgt ist; daſs sie alle durch kleine aufeinander folgende Schritte von einem homogenen zu einem heterogenen Zustande fortgeschritten sind, bis sie die gegenwärtige Stufe ihrer Entwicklung erreicht haben.

Dieser Gedanke ist keineswegs neu, da er ebensowohl in Leibnitzens wie in Hegels System einen wichtigen Platz

einnahm; aber während er bei ihnen mehr subjektiv erzeugt
wurde und nur in loser Verbindung mit täglichen Erscheinungen
stand, ist er Spencer durch solche Erscheinungen aufgedrängt
worden. Thatsachen selbst gaben ihm den Gedanken an die
Hand und von Thatsachen allein unterstützt, stellte er ihn als
ein höchst wahrscheinlich allgemeingültiges Gesetz aller Entwicklung auf.

Um das Princip besser zu fassen, mag gezeigt werden,
wie es in einigen Fällen, z. B. in dem Fortschritt des tierischen
und des menschlichen Lebens und der Gesellschaft, bestätigt
wird. Aus dem Tierreiche beschränken wir unsere Betrachtung
auf die Wirbeltiere. Die Gattung derselben, die, so viel man
weifs, zuerst existiert hat, war auch die niedrigste, die der Fische.
Nach ihnen ist als die höher entwickeltere und heterogenere die
der Reptilien erschienen. Dann kamen die Säugetiere und Vögel,
welche noch höher und heterogener sind. Unter diesen nun
nehmen wir wieder eine Gattung heraus, die Säugetiere. Die
ältesten bekannten Fossilien, welche hierher gehören, sind die
Marsupialien, wieder die niedrigste Art. Die jüngsten sind
die Menschen, welche wieder der höchsten Art angehören.
Also leuchtet es ein, dafs die später Erschienenen die höher
Entwickelten sind. Und wenn wir die Wirbeltiere als ein
Ganzes betrachten, so merken wir, dafs in der ersten, der
paläozoischen Periode, nur Fische existierten, dann Fische und
Reptilien zusammen, später aufser diesen noch Säugetiere und
Vögel. Also hat sich das tierische Leben allmählich höher ent-
wickelt und ist auch verschiedenartiger oder heterogener
geworden.

Betrachten wir nun das menschliche Leben. Es ist nach
Spencer aufser allem Zweifel, dafs der Mensch, das heterogenste
aller Wesen, seine gröfste Heterogenität in der Gegenwart zeigt.
Denn erstens giebt es jetzt zahlreichere Stämme als früher, wie
die Ethnologie mit Sicherheit beweist. Haben wir nicht selbst in
der neueren Zeit die Geburt zweier Völker aus dem sächsischen
Stamm erlebt, der Amerikaner und der Australier? Und an die
Stelle der verhältnismäfsigen Gleichheit, die früher unter allen
Völkern herrschte, ist eine mannigfache und auffallende Ver-
schiedenheit getreten. Es giebt uncivilisierte, halbcivilisierte und
hochcivilisierte Menschen mit allen Zwischengraden, und der
Unterschied in dem Körperbau ist ebenso merkwürdig geworden.

Z. B. die Beine und Arme der Papuas sind einander in der Gröfse ziemlich gleich geblieben, mehr wie bei den vierfüfsigen Tieren, während die Beine des Kulturmenschen jetzt länger und viel schwerer sind als seine Arme. Der Gesichtswinkel des Letzteren ist gleichfalls bedeutend gröfser und die Knochen des Gesichtes im Vergleich zu denen der Hirnschale sind kleiner geworden. Es giebt also eine Anzahl solcher Beispiele, die alle Beleg dafür liefern, dass die Menschen fortdauernd ungleichartiger oder heterogener geworden sind und auch, dafs diese Heterogenität schon einen hohen Grad erreicht hat. Namentlich bei den Kulturvölkern ist die zunehmende Ungleichheit leicht nachzuweisen.

Ähnliches wie von dem Einzelmenschen ist nach Spencer auch von der menschlichen Gesellschaft nachzuweisen. In ihrer ersten und niedrigsten Form war die Gesellschaft eine Vereinigung von Individuen mit gleichen Rechten und Verrichtungen. Blofs der Geschlechtsunterschied gab Grund für eine Teilung der Beschäftigungen. Jeder Mann war Krieger, Jäger, Fischer etc., und jede Frau mufste die harte Arbeit des Hauses und Feldes verrichten. Eine Familie versorgte sich mit allen nötigen Gegenständen, so dafs sie, was die Familienbedürfnisse betraf, ebensogut hätte ganz vereinzelt leben können. Früh jedoch trat einer als Leiter der anderen hervor, obwohl zuerst als solcher kaum anerkannt. Bald wurde er Herrscher und seine Macht nahm immer zu. Unterdessen entwickelten sich allmählich die Keime einer rohen Religion und der Herrscher funktionierte auch als Priester. Diese beiden Ämter behielt er in sich vereinigt, bis die Menge seiner Pflichten ihn zu einer Teilung derselben zwang.

So bildete sich einerseits die Staatsregierung, andererseits die Kirche. Vielleicht ist der König noch an der Spitze beider Abteilungen, aber seine Diener in jeder derselben sind zahlreich geworden. Es werden allmählich in beiden stufenmäfsig herabsteigende Machtsphären geschaffen. Wegen des immer zusammengesetzter werdenden Lebens nimmt deren Zahl stets zu. Teilungen, Abteilungen und Unterabteilungen der Pflichten, d. h. Differenzierungen, dauern fort, bis endlich, wie in der Gegenwart, in einem Reiche Tausende, ja Millionen von Menschen selbst an dem Regierungs- und Kirchendienste teilnehmen; jeder hat seine bestimmten Pflichten und jedem ist Verantwortlich-

keit dafür auferlegt. Während dessen geht ein gleicher Prozefs der Differenzierung im Erwerbsleben vor sich. Zuerst
hat jedermann, der sich diesem widmet, sehr verschiedenartige
Arbeiten zu leisten. Aber nach und nach werden sie unter
mehrere verteilt, bis schliefslich einer sich z. B. mit nur einem
sehr kleinen Teil des Prozesses der Verfertigung eines Stoffes
beschäftigt. Sobald gute Verkehrsstrafsen vorhanden sind,
welche die verschiedenen Provinzen eines Reiches in engen
Zusammenhang bringen, nehmen diese die Produzierung weniger Arten von Lebensmitteln auf sich und mit ihren anderen
Bedürfnissen verlassen sie sich auf ihre Nachbarn. Dasselbe
geschieht endlich unter den vielen Völkern der Erde; jedes
erzeugt, was es am besten kann, und durch Austausch bekommt
es, was es aufserdem am meisten braucht. Also ist nach Spencer
es offenbar, dafs wie bei dem einzelnen Menschen, so auch in
der Gesellschaft der Entwicklungsgang ein Fortschritt ist von
der Homogenität zu der Heterogenität.

Bevor wir nun Spencers religiösen und ethischen Ansichten
und der Evolution als Grundprincip seiner Philosophie in Beziehung auf seine Pädagogik näher treten, haben wir noch ein
Drittes darzulegen; seine Auffassung des Menschen. Allerdings
würde sie im Laufe der Besprechung von selber zum Vorschein
kommen; allein der Begriff des menschlichen Lebens, wie ihn
seine Psychologie darstellt, wird, wenn vorausgeschickt,
manche Ungewifsheit und vielleicht manches Mifsverständnis
von vornherein ausschliefsen. Deswegen soll er hier in Betracht gezogen werden.

Bei Spencer bedeutet Psychologie etwas anderes, als bei
den meisten Psychologen. Sie ist ihm nicht ein Versuch, den
Zusammenhang der psychischen Erscheinungen für sich zu erklären. Diese können nach ihm nicht gesondert mit Erfolg betrachtet werden, denn es fehlt ihnen alle Selbständigkeit. Unsere
Vorstellungen, Gedanken und Begierden führen gar kein selbständiges Dasein. „Leben ist die Aufrechterhaltung einer
Korrespondenz zwischen dem Organismus und seiner Umgebung,
und alle psychologischen Phänomene sind nur Zufälle der Korrespondenz zwischen diesen beiden." [1]) Demnach will die
Psychologie den Zusammenhang weder von äufseren noch von

---

[1]) Principles of Psychology B. I. S. 203 f. 319. 341.

inneren Erscheinungen, sondern den Zusammenhang zwischen diesen beiden erklären. Z. B. gewisse Wohlgerüche von Blumen sind ein Zeichen, dafs Honig in ihnen enthalten ist. Diesen Zusammenhang begreift der Nachtfalter, der den Wohlgeruch bemerkend, sogleich den Honig aufsucht. Hier ist eine vollkommene Korrespondenz oder Übereinstimmung. Wohlgeruch und Honig stehen in einem äufseren Zusammenhang miteinander und diese äufsere Verbindung ist in der Seele des Nachtfalters nachgebildet worden. Auf der andern Seite ist es eine Thatsache der äufseren Welt, dafs eine Flamme immer Hitze in sich trägt. Aber in dem Nachtfalter ist der psychische Zusammenhang zwischen der Wahrnehmung einer Flamme und der in ihr wohnenden Hitze nicht entwickelt. Er hat nicht gelernt die Empfindung einer Flamme mit der des Verbrennens zu verbinden. Deshalb fliegt er in das Kerzenlicht und verbrennt. Hier ist keine Übereinstimmung. Die äufsere Verbindung hat noch nicht zu einer psychischen zwischen den beiden Empfindungen geführt.

In den höheren Formen des Lebens ist dieses Verhältnis der psychischen Zustände, welches dem Verhältnis zwischen Licht und Hitze entspricht, vollständig entwickelt. Daraus folgt, dafs ein Hund immer vermeidet, dem Feuer zu nahe zu kommen. Je höher man steigt in dem tierischen Leben, desto vollkommener wird diese Korrespondenz überhaupt; bei dem Menschen ist sie bei weitem am vollkommensten. Ja in der That unterscheidet er sich von den Tieren durch nichts anderes, als durch den höheren Grad dieser Wechselbeziehung. Denn alles psychische Geschehen, tierisch oder menschlich, hat denselben Ursprung in einer Sensation der Nerven, und nur weil der Mensch mehr Sensationen von aufsen hat, ihren Zusammenhang besser begreift und sie miteinander verwickelter verbindet, gehört er einem höheren Range an, als das Tier. Es ist der Zweck von Spencers Psychologie, sowohl den gleichen Ursprung aller psychischen Thätigkeit zu beweisen, wie den gemäfs der Entwicklungshypothese beständig zunehmenden Grad der Korrespondenz zwischen der äufseren und der geistigen Welt darzustellen.[1] Nach Spencer ist der Mensch, wie das Tier, auf die

---

[1] Prof. Thomas Ribot's Contemporary Eng. Psych. Engl. Translation. Henry S. King & Co. London 1873. S. 148.

äufsere Welt hingewiesen; das Leben beider besteht in der
Beobachtung der Erscheinungen und in dem Ausbilden derjenigen Verhältnisse. psychischerseits, welche in jenen vorkommen, zu dem Zwecke, dafs sie sich diesen Erscheinungen,
d. h. ihren Umgebungen, vollständiger anpassen. Die Ansicht,
dafs das Leben eine Korrespondenz ist, „a continuous adjust-
ment of internal to external relations,“ spielt eine aufserordentlich wichtige Rolle in der Pädagogik. Sie stellt den
Menschen auf dieselbe Stufe wie das Tier; der Mensch ist
danach blofs ein hochentwickeltes Tier. Denn sein geistiges
Leben besteht wie das des Tieres ausschliefslich in der
psychischen Nachbildung des äufseren Zusammenhanges der
Dinge.

Damit ist des Menschen unabhängiges, inneres, geistiges
Leben gänzlich geleugnet oder wenigstens weit in den Hintergrund zurückgedrängt. Gefühle und Wille haben keine Selbständigkeit, sie sind blofs Namen für Zustände, welche diese
Anpassung an die äufsere Welt begleiten. Wird z. B. ein
Nerv in denselben, aber weniger gereizten Zustand gesetzt, in
welchem er sich früher einmal befand, so macht ein solcher
Zustand das Gedächtnis aus.[1] „Wir sprechen von dem Willen
als von etwas, das von demjenigen Gefühl oder denjenigen
Gefühlen gesondert ist, welche für den Augenblick über die
anderen herrschen; wohingegen er nichts anderes ist, als der
allgemeine Name, der dem gewissen Gefühl gegeben ist, welches
die Oberhand gewinnt und die Thätigkeit bestimmt. Der Wille
ist nicht eine von dem herrschenden Gefühle getrennte Existenz,
wie ein König nicht eine von dem Manne auf dem Throne
gesonderte Existenz ist.“[2]

Unsere bisherigen Darlegungen lassen sich in folgende
Sätze zusammenfassen.

Spencer verwirft die christliche Religion ganz und gar.
Er verwirft auch absolute Werturteile. Alle unsere Begriffe
sind rein aus der Erfahrung entwickelt worden. Der Zweck

---

[1] Principles of Psych. B. I, S. 448.
[2] Principles of Psych. B. I, 5. 503. Hier bemerkt man eine scheinbare
Übereinstimmung mit Herbart. Aber Spencer ist zu seinem Schlufs auf
einem ganz anderen, man darf fast sagen, materialistischen Wege gekommen. Eine Darlegung und Beurteilung desselben würde eine selbständige Arbeit erfordern.

des Lebens ist Glück und in dem Suchen nach demselben heifst das gut, was im ganzen zum Glücke führt, das böse, was im ganzen ihm entgegenwirkt. Nur wegen des eingesehenen Nutzens fühlt man sich verpflichtet, in einer bestimmten Weise zu handeln. Alles ist ein Produkt der Entwicklung. Die Welt mit ihrem ganzen Inhalt hat ihren gegenwärtigen Zustand erreicht durch eine langsame Evolution von einem homogenen zu einem heterogenen Zustande. Das Entwicklungsprincip ist das Weltgesetz. Diesem Gesetz ist der Mensch auch in seinem geistigen Fortschritt unterworfen. Er entwickelt sich durch eine beständig vollkommener werdende Anpassung an die äufsere Umgebung. Diese Anpassung ist ihm, wie dem Tiere, seine Hauptthätigkeit. Darnach giebt es kein inneres, selbständiges geistiges Leben, oder es ist wenigstens von geringer Bedeutung.

Diese Anschauungen müssen für ein richtiges Verständnis und für die Beurteilung der Spencerschen Pädagogik im Auge behalten werden.

Entwerfen wir nun zunächst eine Skizze derselben, um die Gedanken Spencers klarzulegen, und versuchen wir darnach, sie für sich zu prüfen und die grofsen Züge derselben mit denen der Herbart-Zillerschen Pädagogik zu vergleichen.

Kapitel II.

Hauptgedanken der Spencerschen Pädagogik.

§ 1. Die Teleologie.

Der Zweck der Erziehung bildet naturgemäfs den ersten Gegenstand der Aufmerksamkeit in Spencers Pädagogik; die Auswahl des Stoffes, der diesem Zwecke dienen soll, den zweiten. Diese beiden Punkte werden in dem ersten Kapitel des Buches erörtert. Das zweite enthält unbestimmte An-

deutungen über die Anordnung des Stoffes, bespricht aber
ausführlicher das Lehrverfahren im allgemeinen. Die sittliche
Erziehung ist Gegenstand der Betrachtung in dem dritten und
die leibliche in dem vierten Kapitel.

Mit anderen Worten: aufser der leiblichen Erziehung enthält das Buch eine Teleologie und eine Methodologie: unter
der Methodologie werden erstens die Auswahl und Anordnung des Stoffes und das allgemeine Lehrverfahren, zweitens
die Hodegetik besprochen. Nach dieser Einteilung sollen
darum die Hauptzüge der Pädagogik Spencers angegeben und
dann näher untersucht werden.

Man hat bemerkt, beginnt Spencer, dafs der Zeit nach
Putz der Kleidung vorangeht. Dies beweisen wilde Völker,
indem sie einförmig schön gefärbte Perlen und Spielzeuge den
Kalikos und feinen Tuchen vorziehen; dasselbe beweisen wir
noch, indem wir mehr an die Feinheit des Stoffes, als an
seine Wärme, mehr an seinen Schnitt, als seine Bequem-
lichkeit denken. Es ist merkwürdig, dafs dies auch in geistiger Hinsicht für wahr gilt. Wie in den alten Zeiten, so
ist auch noch jetzt das Wissen, welches zum persönlichen
Wohle führt, dem nachgesetzt, welches Beifall einbringt. Es
ist Beleg genug dafür, dafs solche Sprachen wie Lateinisch
und Griechisch, die so viel Zeit und Arbeit in Anspruch nehmen, überhaupt getrieben werden; denn sie haben wenigen
Zusammenhang mit dem wirklichen Leben und ihr Einflufs
auf die Förderung desselben ist ein sehr geringer. Knaben
erhalten eine klassische Bildung, weil die Mode sie fordert,
weil man sich schämt, die Sachen nicht zu wissen, welche
eine sogenannte feine Bildung ausmachen, und nicht wegen
des eigentlichen Nutzens der alten Sprachen.

Ein Ähnliches läfst sich in noch höherem Grade von der
Erziehung der Mädchen behaupten. Sie widmen sich dem
Klavierspielen, Singen, Tanzen etc. auf Kosten, ja bei fast
gänzlichem Ausschlufs nützlicher Beschäftigungen. Hierin offen-
bart sich ein grofser Mifsgriff der Erziehung. Ja unsere Erziehung befindet sich überhaupt in einem mifslichen, unent-
wickelten Zustande. Der Verhältniswert der verschiedenen
Arten des Wissens ist bis jetzt kaum untersucht worden.
Kein Mafsstab seines Wertes ist allgemein angenommen und
was noch viel schlimmer ist, man fühlt nicht das Bedürfnis

nach einem solchen. Man liest Bücher über diesen Gegenstand
und hört Vorlesungen über einen andern, entscheidet, dafs
seine Kinder in diesen Zweigen des Wissens unterrichtet werden sollen, in jenen nicht und das ganz allein nach Gewohnheit, Belieben oder Vorurteil. Freilich hört man in allen
Kreisen gelegentliche Bemerkungen über die Bedeutung dieser
oder jener Art von Kenntnissen. Aber ob der Grad der Bedeutung den zu seiner Erwerbung nötigen Aufwand von Zeit
rechtfertigt, oder ob es nicht Dinge von gröfserer Wichtigkeit
giebt, bleibt unentschieden." Freilich hört man auch dann
und wann den Streit über den Wert der klassischen und
Realwissenschaft wieder aufleben. Er wird jedoch in einer
willkürlichen und regellosen Weise geführt, ohne Beziehung
auf einen feststehenden Entscheidungsgrund; und die ganze
Frage ist unerheblich im Vergleich zu der allgemeinen Frage,
deren Teil sie ist.

Dieser schlechte Zustand sollte verbessert werden. Ein
Mafsstab des Wertes der Kenntnisse sollte festgesetzt und
das wertvollste Wissen danach genau bestimmt werden. Die
Lösung dieser Aufgaben will Spencer versuchen. „Glücklicher-
weise" sagt er, „kann über den wahren Wertmesser gar kein
Streit stattfinden. Jeder, der für den Wert einer besonderen
Unterrichtsmethode eintritt, thut es dadurch, dafs er ihren
Einflufs auf irgend einen Zweig des Lebens darthut. Auf die
Frage: „Was nützt es?" setzt uns der Mathematiker oder der
Philosoph auseinander, inwiefern seine Wissenschaft in wohl-
thätiger Weise das Handeln beeinflufst, vor Üblem schützt
oder Gutes verschafft, kurz, zum Glücke führt." Alles beruft
sich, sei es unmittelbar oder auf Umwegen, auf den Nutzen
als auf den endgültigen Beweis des Wertes einer Sache; denn
der Nutzen ist der Mafsstab des Wertes alles
Wissens. Das unmittelbare Ziel der Erziehung soll darum
sein, nützliche Kenntnisse zu erteilen. Das Endziel dabei ist
ein glückliches oder vollkommenes Leben.

§ 2. Auswahl des Stoffes.

Der Spencersche Zweck der Erziehung ist also der: nützliche
Kenntnisse zu liefern, als Mittel zu einem glücklichen oder
vollkommenen Leben. Wie können wir nun entscheiden, welche

die brauchbarsten sind? Zur Beantwortung dieser Frage ist zunächst nötig, die Hauptthätigkeiten des menschlichen Lebens nach ihrer Wichtigkeit zu ordnen. Ist das geschehen, so werden wir der Entscheidung um einen Schritt näher gerückt sein; denn das brauchbarste Wissen wird das sein, welches diesen Thätigkeiten am besten dient. „Eine naturgemäfse Reihenfolge wäre folgende: 1. diejenigen Thätigkeiten, welche unmittelbar zur Selbsterhaltung dienen; 2. diejenigen Thätigkeiten, welche das zum Leben Notwendige herbeischaffen und so mittelbar zur Selbsterhaltung dienen; 3. diejenigen Thätigkeiten, welche das Aufziehen und Schulen der Nachkommenschaft zu ihrem Zwecke haben; 4. diejenigen Thätigkeiten, welche sich auf die Aufrechterhaltung der eigentümlichen — gesellschaftlichen wie staatlichen — Stellung erstrecken; 5. diejenigen verschiedenartigen Thätigkeiten, welche die der Befriedigung des Geschmackes und Gefühles gewidmeten Mufsestunden des Lebens ausfüllen." Nach einer Prüfung findet man, dafs dies auch die vernunftgemäfse Reihenfolge ist, dafs die Thätigkeiten hier nach ihrer Wichtigkeit geordnet sind. Nun ist das Ideal der Erziehung, eine allseitige Vorbereitung in diesen fünf Abteilungen zu geben und diejenigen Lehrgegenstände, welche dazu am dienlichsten sich erweisen, sind die zu wählenden. Man mufs aber bei der Auswahl im Sinne behalten, dafs alle Lehrfächer nach zwei Seiten hin Wert besitzen; erstens, dafs sie einen praktischen Nutzen und zweitens, einen Wert als Geistesübung haben, und dafs nur diejenigen auszuwählen sind, welche in beiden Hinsichten sich am wertvollsten zeigen. Demgemäfs wird zunächst ein vollständiger Lehrstoff vom Standpunkte des praktischen Nutzens aus bestimmt, und dann später der disciplinarische (formale) Wert desselben in Betracht gezogen werden müssen.

Für die erste Art menschlicher Thätigkeiten, die der unmittelbaren Selbsterhaltung, hat glücklicherweise die Natur selbst zum Teil schon gesorgt. Des Kindes Furcht vor einer fremden Person, sein Schrecken vor einem unbekannten Hunde und das Geschrei, womit es nach jedem beängstigenden Anblick zu seiner Mutter läuft, zeigt den Instinkt zur unmittelbaren Selbsterhaltung. Von uns bedarf also diese fundamentale Erziehung geringer Berücksichtigung. Nur müssen wir die Natur nicht durchkreuzen, sondern dem Kinde freien

Spielraum lassen und ihm solche Kenntnis der physiologischen Gesetze geben, dafs es sich gegen äufserliche Verletzung und vielerlei Krankheiten auf bewufste Weise schützen kann. Durch ein gründliches Verständnis der Physiologie werden nicht nur körperliche Beschädigungen, vielleicht dauernde Schäden vermieden, sondern das Leben wird auch verlängert und glücklicher gemacht und die Befähigung zu den Lebensgeschäften sehr vermehrt. Darum soll die Physiologie ein Zweig des Unterrichtes sein.

Die Bedeutung der zweiten Klasse von Thätigkeiten, der mittelbaren Selbsterhaltung, braucht keine Betonung, denn sie ist offenbar. „Aber während jedermann bereit ist, die theoretische Behauptung zu bestätigen, dafs der Unterricht, welcher die Jugend zu den Lebensgeschäften befähigt, von hoher Wichtigkeit ist, oder ihm sogar die höchste Wichtigkeit zuzuschreiben, so untersucht doch kaum jemand, was für ein Unterricht sie dazu befähigen wird. Zwar werden Lesen, Schreiben und Rechnen mit einer einsichtsvollen Würdigung ihres Nutzens gelehrt. Aber haben wir das gesagt, so haben wir fast alles gesagt. Während eine grofse Menge von dem, was sonst gelernt wird, keinen Einflufs auf die geschäftlichen Thätigkeiten ausübt, wird ein ungeheurer Unterrichtsstoff, welcher unmittelbar die geschäftlichen Thätigkeiten beeinflufst, gänzlich übergangen. Denn abgesehen von einigen wenig zahlreichen Klassen von Menschen, womit beschäftigen sich alle? Sie beschäftigen sich mit der Erzeugung, Bearbeitung und Verteilung der Mittel zum Leben. Und wovon hängt der wirkliche Betrieb bei der Erzeugung, Bearbeitung und Verteilung der Mittel zum Leben ab? Er hängt ab vom Gebrauche der Methoden, welche der Natur dieser verschiedenen Verbrauchsgegenstände entsprechen, er hängt ab, wie auch der Fall im besonderen liegen mag, von einer angemessenen Bekanntschaft mit ihren physischen, chemischen oder biologischen Eigentümlichkeiten, d. h. er hängt ab von der Wissenschaft." Deshalb sollten Rechnen, Geometrie, Mechanik, Physik, Chemie, Astronomie, Geologie, Biologie und Sociologie der Jugend gelehrt werden: sie stehen in engster Beziehung zu den Geschäften des Lebens.

Für die dritte Abteilung menschlicher Thätigkeiten, das Aufziehen und Schulen der Nachkommenschaft, ist keine

Vorbereitung irgend welcher Art getroffen worden. „Ist es nicht haarsträubend, das Schicksal einer neuen Generation den Zufälligkeiten unvernünftiger Gewohnheit, jeweiliger Gemütsregungen, Launen des Augenblicks, samt den Einflüsterungen unwissender Ammen und den Ratschlägen vorurteilsvoller Grofsmütter zu überlassen? Die üblen Folgen davon sind nicht abzusehen." „Zu Zehntausenden von Kindern, die getötet werden, füge man Hunderttausende, die mit schwacher Körperbeschaffenheit am Leben bleiben und Millionen, die mit nicht so starker Körperbeschaffenheit, als es sein sollte, aufwachsen, und man wird einen ungefähren Begriff von dem Unglück haben, welches Eltern, die der Gesetze des Lebens unkundig sind, ihren Kindern zufügen." „Wenn Söhne und Töchter kränklich und schwach aufwachsen, betrachten die Eltern das Ereignis gewöhnlich als eine böse Schickung, als eine Heimsuchung der Vorsehung. Ganz im Sinne der herrschenden unklaren Denkweise nehmen sie an, diese Übel kämen ohne Ursachen, oder diese Ursachen seien übernatürlich. Nichts derart." Die Eltern sind selbst schuld daran, weil sie es unternommen haben, das Leben ihrer Kinder zu beaufsichtigen, ohne das Geringste über die Lebensvorgänge, auf welche sie unaufhörlich einwirken, gelernt zu haben. Gleich grofs ist die Unwissenheit und der daraus entspringende Schaden, wenn man sich von der leiblichen zu der sittlichen Erziehung wendet. Gewisse Gefühle, denkt sich die Mutter, sind ganz schlecht, was sie nie sind, und andere, soweit sie auch gehen mögen, ganz gut, was ebenfalls nicht wahr ist. Und indem sie ohne Überlegung Gebote und Verbote giebt, wirkt sie oft positiv schädlich. Die Pflege des Verstandes wird in ähnlicher Weise gehandhabt. „Wenn die Erscheinungen des Verstandes sich nach Gesetzen vollziehen und die Entwicklung des Verstandes in einem Kinde gleichfalls nach Gesetzen vor sich geht, so folgt unvermeidlich, dafs ohne eine Kenntnis dieser Gesetze Erziehung nicht richtig betrieben werden kann. Es wäre thöricht anzunehmen, man könne diesen Prozefs der Bildung und Mehrung von Gedanken genau und sicher regulieren, ohne die Natur des Prozesses zu verstehen." In leiblicher, sittlicher und geistiger Hinsicht also ist die Kindererziehung äufserst mangelhaft; dies ist so, weil die Eltern mit den obersten Principien der Physiologie

und Psychologie fast gänzlich unbekannt sind. Darum
müssen diese Fächer dem Schulkursus angehören.
Ebensowenig wie die Erziehung für Kenntnis und Verständnis der elterlichen Pflichten sorgt, bemüht sie sich vier-
tens, den Zögling die socialen begreifen zu lehren. Unter
unseren Lehrgegenständen nimmt blofs ein einziger einen hervorragenden Platz ein, der als Vorbereitungsmittel zum gesellschaftlichen und staatlichen Leben betrachtet werden könnte.
Das ist die Geschichte. Aber wie sie jetzt gelehrt wird, ist
sie zum Zwecke der Führung fast ganz wertlos. Die Thatsachen, die darin gelernt werden, haben keine Beziehung auf
staatliche Thätigkeit. „Angenommen selbst, man habe nicht
allein die fünfzehn entscheidenden Schlachten der Welt, sondern Schilderungen aller anderen Schlachten, deren die Geschichte erwähnt, fleifsig gelesen, um wie viel verständiger
würde das Urteil ausfallen bei der nächsten Wahl?" Bis
jetzt ist Geschichte im wahren Sinne des Wortes wenig geschrieben und noch weniger gelehrt worden. Auf die Handlungen des Königs und der Hochgestellten allein hat sich die
Aufmerksamkeit konzentriert, während das Volk im dunkeln
Hintergrunde fast unbemerkt geblieben ist. Aber dies ist
nicht Geschichte. Nur das ist eigentliche Geschichte, welche
die Naturgeschichte der Gesellschaft darstellt, welche dazu
verhilft, das Wachstum und den Organisationsprozefs einer
Nation zu verstehen. Eine Erklärung der Art der Regierung
und der kirchlichen Herrschaft; eine Schilderung der gesellschaftlichen Gebräuche und Sitten; eine Beschreibung des
Handelssystems, der Erziehung etc. sollten in einer Geschichte
ausführlich besprochen werden. Dann sind solche Thatsachen
zu ordnen und zu gruppieren, zu dem Zwecke, dafs man daraus Schlüsse ziehen kann, welche ihn beim Handeln beeinflussen
werden. Solcher Unterricht ist besser „beschreibende
Gesellschaftskunde" oder „Sociologie" zu nennen, und
ist von grofser Wichtigkeit. Aber ohne eine Kenntnis der
Biologie und Psychologie kann er nicht mit Erfolg erteilt
werden; aus diesem Grunde sollte auch die Biologie Lehrgegenstand sein.
Die fünfte und letzte Abteilung menschlicher Thätigkeiten sind für Spencer die die Mufsestunden ausfüllenden Er-
holungen und Genüsse, wozu die ästhetische Bildung befähigen

soll. So wichtig diese auch sein mag, so ist sie doch nur eines der trefflichen Förderungsmittel zur menschlichen Glückseligkeit, nicht aber das Haupterfordernis zu derselben. „Die feine Bildung, die schönen Künste und Wissenschaften und alles das, was, wie wir es nennen, die Blüten der Civilisation ausmacht, sollte jener Lehre und Unterweisung, auf der die Civilisation beruht, gänzlich untergeordnet sein. Wie sie den Mufseteil des Lebens ausfüllen, so sollte ihnen der Mufseteil der Erziehung angewiesen sein." Ein zweiter Grund, warum sie den Wissenschaften unterzuordnen sind, besteht darin, dafs diese die Grundlage bilden zur höchsten Kunst jeder Gattung. Dies ist „a priori deutlich, wenn wir uns erinnern, dafs die Kunsterzeugnisse alle mehr oder weniger objektive oder subjektive Erscheinungen darstellen, dafs sie nur in dem Verhältnis gut sein können, als sie dem Gesetz dieser Erscheinungen gemäfs sind, und dafs, bevor sie ihnen gemäfs sein können, der Künstler wissen mufs, welches diese Gesetze sind."

Also während eine ästhetische Bildung wünschenswert ist, so ist sie doch der Wissenschaft gänzlich unterzuordnen, sowohl weil diese wichtiger ist als jene, als auch, weil sie ihre Grundlage bildet.

Der Hauptlehrstoff ist jetzt vom Standpunkte des Nutzens bestimmt worden, er besteht aus den oben angegebenen Wissenschaften. Es bleibt noch übrig den Verhältniswert dieser als geistige Übung zu betrachten.

Besitzen die genannten Wissenschaften auch noch den höchsten disciplinarischen (formalen) Wert, so ist die Frage „Welches Wissen hat den gröfsten Wert?" mit genügenden Gründen entschieden. Dies ist scheinbar eine schwere Aufgabe, aber Spencer findet sie verhältnismäfsig leicht lösbar. „Haben wir gefunden, was für den einen Zweck das Beste ist, so haben wir damit zugleich das Beste für den anderen gefunden. Wir können ganz sicher sein, dafs die Erwerbung derjenigen Klassen von Thatsachen, welche zur Regelung des Handelns von dem gröfsten Nutzen sind, auch das zur Stärkung der Fähigkeiten bestgeeignete Bildungs- und Übungsmittel enthält. Es würde ganz und gar der schönen und weisen Einrichtung der Natur zuwiderlaufen, wenn eine Art von Ausbildung zum Gewinn von Belehrung, eine andere zur Übung

des Geistes nötig wäre. Überall in der ganzen Schöpfung
finden wir, dafs sich die Fähigkeiten entwickeln durch Verrichtung der Thätigkeiten, welche zu verrichten ihre Aufgabe
ist, nicht aber durch Verrichtung künstlicher Übungen, die
ersonnen sind, sie zu jenen Thätigkeiten tauglich zu machen."
Z. B. der Indianer braucht am meisten Schnelligkeit und Behendigkeit und die erlangt er in einem höheren Grade durch
die wirkliche Verfolgung von Tieren als je durch die Turnkunst möglich wäre.

Dieser a priorische Grund der Überlegenheit der Wissenschaft als Geistesübung wird bestätigt, sobald man einen Vergleich zwischen den Wissenschaften und den Sprachen anstellt.
Jene üben das Gedächtnis wenigstens so viel, wenn nicht
mehr, wie diese, und in mehreren anderen Hinsichten sind sie
diesen weit überlegen. Denn ihre Gedankenverknüpfungen
sind kausaler, während die in den Sprachen zufälliger Art
sind. Jene üben auch das Urteil beständig, indem sie nötigen
aus Gründen Schlüsse zu ziehen, während bei diesen kaum
etwas derart vorkommt. Aufserdem empfehlen sich die
Wissenschaften als das beste Übungsmittel zur sittlichen
und religiösen Bildung. Bezüglich der ersteren entwickeln
sie eine Unabhängigkeit von Autorität, eine Selbständigkeit
des Urteils, welche eine höchst schätzbare Eigenschaft des
Charakters ist; bezüglich der zweiten vernichten sie allen
Aberglauben, erwecken eine hohe Achtung gegen den Urheber
des Alls und zeigen äufserst deutlich die Grenzen des menschlichen Wissens. Keinen anderen Fächern sind diese Vor-
züglichkeiten in so hohem Grade eigentümlich, und darum besitzen die Wissenschaften den höchsten disciplinarischen Wert.
„So lautet denn auf die eingangs aufgeworfene Frage:
welches Wissen hat den gröfsten Wert? — die stets gleichförmig wiederkehrende Antwort: die Wissenschaft. In jedem
der einzelnen Fälle die nämliche Entscheidung: Für unmittelbare Selbsterhaltung oder Bewahrung des Lebens und der
Gesundheit ist die wichtigste Kenntnis die Wissenschaft. Für
jene mittelbare Selbsterhaltung, welche wir Gewinnung des
Lebensunterhaltes nennen, ist die wertvollste Kenntnis — die
Wissenschaft. Für die gehörige Erfüllung elterlicher Pflichten
ist die beste Führerin — die Wissenschaft. Für jene ¦Er-
klärung des nationalen Lebens in Vergangenheit und Gegen-

wart, ohne welche der Bürger sein Thun und Lassen nicht regeln kann, ist der unerläfsliche Schlüssel — die Wissenschaft. Sowohl für die vollkommenste Hervorbringung von Kunstwerken aller Gattungen als für den höchsten Genufs an denselben, ist die notwendige Vorbereitung wiederum — die Wissenschaft. Und für die Zwecke der Zucht und Bildung in geistiger, sittlicher und religiöser Hinsicht ist das wirksame Studium noch einmal — die Wissenschaft.

§ 3. Anordnung des Stoffes.

Natürlich will Spencer nicht buchstäblich in den Wissenschaften allein unterrichten lassen; er will nur, dafs sie den Hauptteil des Lehrstoffes ausmachen. Bei seinen gelegentlichen Bemerkungen über die Anordnung des Stoffes und das Lehrverfahren, werden die meisten anderen nötigen Fächer erwähnt. In der Anordnung ist kein allgemein giltiges Princip entscheidend, doch ist vielleicht als wichtigstes die Forderung anzusehen, dafs der Stoff der Entwicklungsstufe des Kindes angepafst werden sollte. Das Wohlgefallen, welches er erweckt, ist das Zeichen, ob dieser Forderung Genüge geleistet worden ist; denn das, woran ein Zögling Gefallen findet, ist für ihn das Gesunde. Auch ist das psychologische Princip, dafs der Geist vom Konkreten zum Abstrakten fortschreitet, von grofser Bedeutung. Daraus folgt, dafs die Grammatik, welche die Wissenschaft oder die Philosophie der Sprache ist und aus derselben entsteht, ihr nachfolgen soll.

Wie Herbart will Spencer die Sinne von frühester Kindheit an durch Betrachtung von allerlei Gegenständen fortwährend üben. Darauf soll systematischer Anschauungsunterricht folgen, der viele Jahre fortzusetzen ist, bis er sich unmerklich in die Untersuchungen des Naturforschers und des Mannes der Wissenschaft verliert. Gleichfalls soll Unterricht in der Geometrie sehr früh anfangen, und zwar erst mit festen Körpern. Von dem Würfel sind Begriffe wie Punkt, gerade Linie, Winkel, und dann von der Kugel Begriffe wie Kreis, krumme Linie, etc. zu entwickeln. Dann kommen Ebenen und die Kinder üben sich in dem Prüfen der nach dem Augenmafs gezogenen Figuren auf ihre Richtigkeit. Drittens soll die empirische Geometrie folgen, wobei Figuren aus Pappe zubereitet werden. Nach lange fortgesetzten Übungen dieser Art bietet die systematische Geometrie, wie man vermuten kann, keine Hindernisse mehr. Sie wird jetzt eine der Selbstentwicklung günstige und Befriedigung schaffende Übung. In Verbindung mit diesen Fächern ist von früh an das Zeichnen systematisch zu betreiben, aber nicht durch Kopieren von fremden Vorzeichnungen, sondern durch Beobachtung der Gegenstände selbst. Physische Geographie soll der politischen vorangehen. Diese Bemerkungen betreffen alle das Nacheinander der Lehrgegenstände, das Nebeneinander läfst Spencer unberücksichtigt. Wie gesagt, kommen diese Anweisungen teils im Zusammenhang mit der Besprechung des Lehrverfahrens vor; dieses wird den nächsten Gegenstand unserer Betrachtung bilden.

§ 4. Das allgemeine Lehrverfahren.

Spencer wünscht die gröfstmögliche Begünstigung der Individualität. In dieser Hinsicht erinnert er an Rousseau.

Nach einem Überblick über den Fortschritt in pädagogischen Ansichten, welcher in der neueren Zeit stattgefunden hat, fafst er, sich auf Pestalozzi stützend, die leitenden Grundsätze des Lehrverfahrens kurz zusammen.

Als Resultat des seit vielen Jahren fortdauernden Konfliktes zwischen verschiedenen Erziehungssystemen ist man zu Ansichten gekommen, die einige alte Lehrmethoden verworfen und einige neue eingeführt haben. Das früher allgemein verbreitete Verfahren des Auswendiglernens ist sehr in Mifskredit gekommen, ebenso das eng damit verknüpfte Lehren durch Regeln. Dagegen von den neuen Methoden, welche während des Untergehens jener alten sich erhoben haben, ist die wichtigste die der systematischen Ausbildung des Beobachtungsvermögens durch den sogenannten Anschauungsunterricht. Eine zweite wichtige Veränderung ist die, dafs man jetzt verlangt, den Kenntniserwerb lieber angenehm und reizvoll, als drückend und beschwerlich zu machen.

Die folgenden Grundsätze, logisch geordnet, bestimmen das Lehrverfahren im allgemeinen:

1. Wir müssen in der Erziehung vom Einfachen zum Zusammengesetzten fortschreiten.

2. Die Entwicklung des Geistes ist ein Vorwärtsgehen vom Unbestimmten zum Bestimmten.

3. Der Unterricht hat beim Konkreten anzufangen und beim Abstrakten aufzuhören.

4. Die Erziehung des Kindes mufs im Charakter wie in der besonderen Einrichtung mit der Erziehung des Menschengeschlechtes, historisch betrachtet übereinstimmen. D. h. die Entstehung des Wissens im Individuum mufs denselben Verlauf befolgen, wie die Entstehung des Wissens im ganzen Menschengeschlecht. — Die folgenden zwei Grundsätze sind Schlufsfolgerungen aus diesem.

5. In jedem Unterrichtszweig sollen wir vom Empirischen zum Theoretischen fortschreiten.

6. Man sollte den Kindern so wenig als möglich vorerzählen, aber sie so viel wie möglich anleiten, selbst Untersuchungen anzustellen, Schlüsse zu ziehen und Entdeckungen zu machen.

7. Als schliefslicher Probierstein für die Beurteilung eines Bildungsentwurfes sollte uns die Frage gelten: Schafft er im Zögling ein als Anreiz wirkendes Vergnügen?

Um die Art und Weise der Anwendung dieser Principien zu erklären, führt Spencer mehrere Beispiele aus der Praxis der Erziehung an, wie sie schon im vorigen Paragraphen in Kürze angegeben worden sind.

§ 5. Die Hodegetik.

Die Ähnlichkeit mit Rousseau ist in diesem Kapitel noch auffallender als in dem vorangehenden, denn Spencer will das Kind so viel wie möglich der Natur überlassen; er will, dafs es fast ausschliefslich durch eigene Erfahrungen und Beobachtungen die natürlichen Resultate seiner Handlungen und dadurch die erlaubten Handlungen kennen lerne. Es giebt jedoch einen bedeutenden Unterschied zwischen den Anschauungen der beiden Männer in dieser Hinsicht. Spencer glaubt nicht, dafs die Kinder von Natur gut sind. Im ganzen scheint ihm das entgegengesetzte Dogma, so unhaltbar es ebenfalls ist, weniger weit von der Wahrheit abzuliegen. Aber es sind nicht allein die Kinder, die daran schuld sind, dafs die Erziehung so oft mifsglückt. In der That ist ein grofser Teil

häuslicher Unzuträglichkeiten, die man gewöhnlich der Ver-
kehrtheit der Kinder beimifst, dem üblen Verhalten der Eltern
zur Last zu legen. „Die Wahrheit ist, dafs die Schwierig-
keiten sittlicher Erziehung notwendig doppelten Ursprunges
sind, indem sie aus den vereinigten Fehlern der Eltern und
Kinder entspringen." Eine wahre Theorie und daraus folgende
Praxis der sittlichen Zucht würde zum Heile beider wirken.
Die Natur macht uns auf die einfachste Weise eine solche
Theorie und Praxis klar. Es ist der Natur eigentümlich, dafs
ihre Strafen den richtigen Begriff von gut und böse geben,
dafs sie die unmittelbaren und unvermeidlichen Folgen der
vorausgehenden Thaten sind und dafs sie in genauem Verhältnis zu diesen stehen. Hierin finden wir den leitenden
Grundsatz für sittliche Erziehung, durch natürliche Strafen zu
erziehen. Es soll die Aufgabe der Eltern sein, als „Diener
und Ausleger der Natur" darauf zu sehen, dafs ihre Kinder
stets die wahren Folgen, die natürlichen Rückwirkungen ihrer
Handlungen erfahren, aber nicht darauf, dafs sie dieselben
abwenden, verschärfen oder künstliche Folgen an ihre Stelle
setzen. Bis zu einem gewissen Grade thun sie dies schon.
Ihre Scheltworte, Drohungen und Schläge, womit sie die sün-
digen Kleinen heimsuchen, sind zweifellos wirklich durch die
Sünden dieser, ihnen abgezwungen. Aber solche Strafen sind
nicht die natürlichsten, auch nicht die besten. Die wertvollste
Zucht besteht nicht in der Einerntung elterlicher Billigung
oder Mifsbilligung, sondern in der Einerntung derjenigen Ergebnisse, welche schliefslich aus dem Betragen selbst hervor-
fliefsen, ganz abgesehen von der Meinung oder der Dazwischen-
kunft der Eltern. Z. B. wenn ein Knabe, der alt genug ist,
ein Taschenmesser zu tragen, es aus Unachtsamkeit verliert,
so sollte er vorläufig kein zweites bekommen, oder sein eigenes
Taschengeld dafür ausgeben.

Bei schwereren Vergehen ist zur Anwendung der natürlichen Strafen ein sehr vertrauliches Verhältnis zwischen
Eltern und Kindern notwendig; aber wo das Verfahren der
natürlichen Zucht lange und konsequent befolgt worden ist,
da ist ein Gefühl inniger Freundschaft auch schon erweckt worden. Wo das vorhanden ist, können so viele
gröbere Vergehen nicht vorkommen. Angenommen aber,
dafs trotzdem ein solches verübt worden ist, wie z. B. ein

Diebstahl, so ist die natürliche Strafe hier wie sonst anzuwenden. Die unmittelbare Folge eines solchen Verstofses würde sein, das Gestohlene zurückzugeben, oder die Kosten dafür aus der Tasche des Verbrechers zu bestreiten. Die mittelbare und schwerere Folge würde das ernste Mifsfallen der Eltern sein. Unter gesunden Verhältnissen würde diese Strafe genügen. Der sittliche Schmerz, welcher durch die Ungnade der Eltern verursacht wird, würde an die Stelle der gewöhnlich ausgeteilten physischen Schmerzen treten und sich wenigstens ebenso wirksam erweisen wie dieser.

Zu dieser „wahren Theorie und Methode der sittlichen Erziehung" fügt Spencer noch Ermahnungen hinzu, welche als aus den vorangehenden Principien ableitbare Regeln zu betrachten sind:

1. Erwarte von einem Kinde nicht einen hohen Grad von sittlicher Güte.

2. Bringe nicht sehr starke Reize zum Guten in Anwendung. Die sittliche Frühreife ist ebensosehr zu fürchten als die geistige.

3. Vermeide eine übertriebene Aufsicht.

4. Suche nicht wie ein empfindungsloses Werkzeug zu handeln. Wenn das elterliche Mifsfallen nicht an die Stelle der natürlichen Strafen treten soll, so sollte es doch Ausdruck finden und die natürliche Folge des Vergehens schicklich ergänzen.

5. Sei sparsam mit Befehlen.

6. Wenn du aber einmal befiehlst, so thue es entschieden und unnachsichtig.

7. Erinnere dich, dafs das Ziel deiner Erziehung sein soll, ein sich selbst beherrschendes Wesen zu bilden, nicht ein von anderen zu beherrschendes.

8. Lafs dirs nicht mifsfallen, einen starken Eigenwillen an deinen Kindern wahrzunehmen.

9. Schliefslich rufe dir stets ins Gedächtnis, dafs eine richtige Erziehung keine einfache und leichte, sondern eine verwickelte und äufserst schwierige Sache und vielleicht die schwerste Aufgabe ist, die auf den Schultern der Erwachsenen lastet.

§ 6. Leibliche Erziehung.

Die Nahrung ist der erste Punkt, welcher in diesem sehr lesenswerten Kapitel besprochen wird. Beschränkung in der Quantität der Speise ist nachteiliger als gelegentliche Überfüllung. Keins von beiden Extremen ist aber nötig. Eltern sollten dem Hunger des Kindes ruhig vertrauen. Er ist für dasselbe wie für das Tier der beste Maßstab bei der Ernährung. In der That giebt es kein anderes zuverlässiges Moment, da niemand außer der betreffenden Person, der Bedürfnisse seines Körpers gewahr wird. Die Fälle der Überschreitungen, welche bei Kindern an Feiertagen oft vorkommen, sind nur die Folgen der Einschränkung der Beköstigung, die die Eltern ihnen auferlegt haben. Wenn sie sich immer satt essen könnten, so würden Überfüllungen nicht stattfinden.

Was die Beschaffenheit des Nahrungsstoffes betrifft, so ist die populäre Ansicht, daß für Kinder eine verhältnismäßig schlechte Kost geeignet ist, durchaus unrichtig und dem Ausspruch der Wissenschaft schnurstracks entgegen. Im Gegenteil, die Nahrung der Kinder sollte eher eine nahrhaftere sein, als die der Erwachsenen. Und zwar deshalb, weil die Kinder außer dem Ersatz verbrauchter Körperkräfte und der Erhaltung ihrer Körperwärme — zu welchem Zwecke der Erwachsene der Nahrung bedarf — noch Nahrung zum Wachsen verlangen. Kinder sollten daher mehr Fleisch essen. Wie unter den Tieren, so auch unter den Menschen, hängt der Thätigkeitsdrang im wesentlichen von dem Nahrungsgehalt der Speise ab. Die Weltgeschichte zeigt, daß die wohlgenährten Völker allzeit die kräftigen und herrschenden gewesen sind. — Eine Abwechselung ist auch von den physiologischen Gesetzen gefordert, nicht nur ein periodischer Wechsel, sondern ebenso dringend eine Mischung der Gerichte bei jeder Mahlzeit.

Wie bei der Nahrung so ist auch bei der Kleidung eine allgemeine Neigung zu ungehöriger Kargheit bemerkbar. Man sollte ebenso durch die Empfindung der Wärme und Kälte, wie durch die des Hungers geleitet werden. „Die Regel also ist, sich nicht in allen Fällen unveränderlich gleich zu kleiden, sondern eine Kleidung anzulegen, die in Art und Masse für den einzelnen Fall genügt, um den Körper wirksam gegen

eine dauernde, wenn auch noch so leise Empfindung der Kälte
zu schützen."

Der gewöhnliche Begriff der Abhärtung ist eine schwere
Täuschung. Unsere Kleidung ist in Ansehung der Körperwärme nur ein Ersatz für ein gewisses Quantum von Nahrung;
wenn die Kleidung den Körper nicht warm hält, so ist mehr
Speise zur Erhaltung der Wärme nötig.

Die Wichtigkeit körperlicher Bewegung für Knaben ist
bereits einigermaßen klar geworden; aber für Mädchen denkt
man, ist sie untauglich und nicht passend. Bei beiden aber
gehören die Thätigkeiten des Spiels, zu denen der Instinkt sie
treibt, wesentlich zu ihrem körperlichen Wohlbefinden.[1]

Schließlich hebt Spencer das Übermaß geistiger
Arbeit hervor, als einen großen Irrtum in unserer Erziehung.
Die übertriebene Geistesbildung ist in jeder Hinsicht fehlerhaft: „fehlerhaft, insofern sie ein Wissen mitteilt, das bald
wieder vergessen sein wird; fehlerhaft, sofern sie einen Wider-
willen gegen Kenntniserwerb erzeugt; fehlerhaft, sofern sie
jene Organisation des Wissensstoffes aus den Augen läßt,
welche wichtiger ist als die Aneignung desselben; fehlerhaft,
sofern sie jene Lebenskraft abschwächt oder zerstört, ohne
die ein gebildeter Verstand nutzlos ist; fehlerhaft endlich,
sofern sie den Grund zu jener Gesundheitszerrüttung legt,
welche selbst durch günstigen Erfolg nicht ersetzt wird und
den Mißerfolg nur doppelt bitter empfinden läßt."

In diesen vier Hinsichten, nämlich durch mangelhafte
Nahrung, durch mangelhafte Kleidung, durch mangelhafte
Bewegung, was die Mädchen betrifft, und durch übermäßige
geistige Anstrengung wird die Gesundheit der Kinder unter-
graben. Die Meinung muß erst herrschend werden, daß die
Erhaltung der Gesundheit eine Pflicht, daß jeder Verstoß
gegen ihre Gesetze eine physische Sünde ist, bevor
eine bedeutende Verbesserung in dieser Beziehung stattfinden
kann.

---

[1] Nicht durch Turnen, sondern durch freies Spiel will Spencer die
nötige Bewegung herbeischaffen.

Kapitel III.

Kritik der Spencerschen Pädagogik.

§ 1. Teleologie.

Den Zögling auf ein glückliches oder vollkommenes Leben vorzubereiten, dies soll die Aufgabe der Erziehung sein. Das klingt an und für sich gut und könnte, wenn richtig ausgelegt, unsere Billigung finden. Aber nähere Bestimmungen sind nötig, um Spencers eigene Auslegung des Ausdruckes klar zu stellen. Wie schon bemerkt, giebt es fünf Hauptthätigkeiten des Menschen: er soll sich vor unmittelbarer Gefahr und vor Übertretungen der physiologischen Gesetze hüten; er soll einen Lebensunterhalt verdienen und seine Kinder in richtiger Weise auferziehen; er soll sich anständig betragen und seine bürgerlichen Pflichten erfüllen; und endlich soll er wissen, die Mufsestunden seines Lebens durch Musik, Poesie und andere schöne Künste in geeigneter Weise auszufüllen. Wer dies alles thut, lebt nach Spencer vollkommen. Warum heifst er gerade ein solches Leben vollkommen? Weil es dem Menschen das gröfste Glück bringt. Das Wort vollkommen hat also nicht die gewöhnliche Bedeutung, sondern eine gemäfs seiner Ethik eigentümliche. Äufserst glücklich ist ein damit gleichbedeutender Ausdruck, denn, wie auch schon hervorgehoben wurde, ist Glück das Höchste, das Ziel des Lebens; es ist daher natürlich auch das Ziel der Erziehung. Die Schule soll sich zum Zwecke stellen, die beste Vorbereitung auf die oben genannten fünf Hauptthätigkeiten des Menschen zu treffen.

Das Ziel ist in seiner ganzen Tragweite noch nicht klar, nur durch eine Besprechung der empfohlenen Wege zu seiner Erreichung wird es sich in voller Klarheit zeigen. Aber wie es bis jetzt verstanden werden kann, dagegen läfst sich schon mit Sicherheit dreierlei einwenden.

Es ist erstens zu weit, denn danach ist die leibliche Erziehung nicht blofs mit einbegriffen in dem Begriff der Er-

ziehung, sondern sie spielt eine Hauptrolle darin. Wie dem
Tiere und dem Menschen körperliche Gesundheit die erste
Bedingung ist zu erfolgreichen Thätigkeiten, so sollte sie nach
Spencer der erste Gegenstand der Aufmerksamkeit auch in der
Schule sein. Damit können wir uns nicht einverstanden erklären. Gewifs ist sie aufserordentlich wichtig und wenn
Spencer ein ganzes Kapitel der leiblichen Erziehung widmet,
so betrachten wir das als eine sehr dankenswerte Arbeit. Aber
da hat er selbst nicht besonders die Schulerziehung im Auge,
denn er bespricht Nahrung, Kleidung, körperliche Bewegung
und geistige Anstrengung der Kinder, d. h. vier Punkte, welche
von allgemeiner Bedeutung sind und dem Begriff der Erziehung nur dann angehören, wenn dieser im weitesten Sinne
verstanden wird. Von diesem Sinne mufs hier abgesehen und
Erziehung auf diejenigen Veranstaltungen der Erwachsenen
beschränkt werden, durch welche sie die intellektuelle und
sittlich - religiöse Ausbildung des Nachwuchses bezwecken.
Dies ist nicht nur der landläufige, sondern auch der wissenschaftliche Begriff der Erziehung; denn wie Herbart behauptet,
ist aus dem Begriff der Erziehung Sorge für den Körper nicht
ableitbar. Körperliche Gesundheit ist mehr eine Voraussetzung
der Erziehung. Doch weil sie eine so bedeutende Bedingung
seiner Wirksamkeit ist, soll sie in dem Schulplan nicht unberücksichtigt bleiben. Ihr gehört eine Stelle darin, aber nicht
eine ersten, sondern eine zweiten Ranges. Und da die Erziehung
unmittelbar den Geist und nicht den Körper betrifft, so ist in
der Aufstellung des Zieles jener allein, und nicht dieser ins
Auge zu fassen. Dies ist e i n genügender Grund, warum wir
Spencers Kapitel über leibliche Erziehung von unserer Untersuchung ausschliefsen müssen.

Ein z w e i t e r besteht darin, dafs er das Kapitel viel mehr
von dem Standpunkte eines Naturforschers und Physiologen als
von dem eines Pädagogen geschrieben hat, und daher nimmt
die Beurteilung desselben die Kenntnis des Physiologen als
Fachmannes mehr in Anspruch als die des Schulmannes.

Aus diesen beiden Gründen wird dieser Teil seiner Pädagogik aufser acht gelassen werden müssen und für uns nur
die Methodologie in Betracht gezogen werden können.

Z w e i t e n s enthält trotz der Ausschliefsung der leiblichen
Erziehung das Ziel noch zu viel; denn es fordert, dafs

die Schule unmittelbare Vorbereitung auf die Gewinnung des Lebensunterhaltes gebe. Dafs sie darauf vorbereiten soll, das ist gewifs richtig; aber wie die körperliche Gesundheit nicht Ziel, sondern Voraussetzung der Erziehung, so ist auch die Fähigkeit des Broterwerbens nicht unmittelbarer Zweck, sondern mittelbarer Erfolg der Schulung. Sie stehen alle beide als Bedingung und Folge in mittelbarem Verhältnis zu dem Ziel der Charakterbildung und müssen deshalb demselben untergeordnet sein.

Drittens. Auf der andern Seite ist das Ziel zu eng, es schliefst in sich nicht genug ein; denn ist in demselben Sorge für den eben genannten Hauptzweck der Erziehung, die sittlich-religiöse Ausbildung, getragen? Ist der Forderung, dafs die Schule den Charakter bilden soll, Genüge geleistet, wenn einmal das Kind gelernt hat, seinen bürgerlichen Pflichten nachzukommen und seine Mufsestunden durch die Künste in angemessener Weise auszufüllen? Oder vielleicht ist die Frage die, ob man überhaupt recht hat, eine solche Forderung an die Schule zu stellen? Ja, das ist es. Und aus Spencers religiösen Ansichten, wonach die christliche Religion nur Aberglaube ist; sodann aus seinen ethischen Ansichten, wonach Glück der Zweck des Lebens ist und es nichts absolut Gutes oder Böses giebt, und endlich aus seinen psychologischen Ansichten, wonach das Hauptbestreben des Menschen wie des Tieres darin besteht, sich seiner Umgebung anzupassen, wodurch das gröfste Glück erreicht wird, dürfen wir mit Recht schliefsen, dafs Spencer diese Frage entschieden verneinen würde. Noch mehr. Während diese Meinungen einerseits sittliche und religiöse Bildung ausschliefsen, erklären sie auf der andern Seite, warum sein Ziel sowohl die leibliche Erziehung, als auch eine Vorbereitung auf den Broterwerb umfafst. Denn Gesundheit des Körpers und Geschick in einem Beruf tragen viel bei zu der Anpassung eines Menschen an die äufsere Welt und daher zu der Erreichung des Glückes.

Doch durch die Betrachtung des Zieles allein können wir noch nicht des Philosophen gesamte Pädagogik verwerfen. Das wäre voreilig. Warten wir darum erst eine nähere Einzeluntersuchung ab, ehe wir unser Endurteil fällen.

§ 2. Auswahl des Stoffes.

Die Erreichung des aufgestellten Zieles ist hauptsächlich von Kenntnissen abhängig, wenigstens ist es klar, dafs sie das Hauptmittel bilden zur Ausführung der zwei wichtigsten Thätigkeiten, der unmittelbaren und mittelbaren Selbsterhaltung. Nach des Philosophen eigener Anerkennung sind sie bei den anderen Thätigkeiten aufserordentlich wichtig. Deswegen betrachtet er das Ziel der Erziehung überhaupt als gleichbedeutend mit dem des Unterrichtes; es kann durch Unterricht fast unmittelbar erreicht werden. Darum geht er von dem allgemeinen Ziel zur Auswahl des Stoffes über mit folgender Bemerkung: „Es ist nötig, dafs wir vollkommen zu leben als das Ziel unseres Strebens uns setzen und stets klar im Auge behalten, so dafs wir bei der Wahl zwischen den Unterrichtsgegenständen und -Methoden für unsere Kinder von dem ernsten Hinblick auf dieses Ziel uns leiten lassen."

Wir haben gesehen, dafs bei dieser Wahl zwei Punkte zu berücksichtigen sind; erstens der praktische Wert der Lehrgegenstände, denn dieser ist Bedingung des Glücks und die Erlangung des letzteren ist Zweck des Unterrichts; zweitens die Geistesübung durch die Fächer, d. h. die Art und der Grad der Disciplin, welcher der Geist unterworfen wird, weil sie eine Bedingung ist für den geschickten Gebrauch der Kenntnisse. In diesen beiden Hinsichten werden die Lehrfächer geprüft, wobei es sich herausstellt. dafs die Wissenschaften den gröfsten Nutzen bringen und die beste Geistesübung schaffen. Sie sind deshalb nach Spencer die für die Schule passendsten.

Nach dem ersten Gesichtspunkte allein erscheinen folgende Gegenstände als die geeignetsten:

1. Von höchster Bedeutung ist die Physiologie, weil sie der unmittelbaren Selbsterhaltung am dienlichsten ist; 2. dann folgt Mathematik, Mechanik, Physik, Chemie, Biologie, Astronomie, Geologie und Sociologie, welche der mittelbaren Selbsterhaltung dienen; 3. dann die Physiologie wieder und die Psychologie, die am wertvollsten bei der Erziehung der Nachkommenschaft sind; 4. die Sociologie, welche am besten auf das bürgerliche Leben vorbereitet, und schliefslich 5. die

schönen Künste, zu deren Geniefsung die erstgenannten Wissenschaften die Voraussetzung sind. Hiernach bilden also die Wissenschaften den Hauptstoff des Unterrichtes und neben ihnen stehen in zweiter Linie die Künste.[1])

Gleich bei der ersten Betrachtung dieses Lehrplanes scheint es sich hauptsächlich um den alten Streit zwischen den Sprach- und den realen Wissenschaften zu handeln. Dieser Eindruck ist jedoch nur zum Teil richtig: der Streit reicht weiter, denn die Sprachen sind nicht allein gefährdet. Litteratur überhaupt wird als eine Kunst gering geschätzt; und Geschichte, sowohl biblische, wie Profan-Geschichte, wird aus dem Schulkursus verbannt;[2]) die erste, weil sie überhaupt keinen Zweck hat, und die zweite, weil sie im Vergleich mit der Sociologie fast wertlos ist.[3])

Hier handelt es sich also um eine e x t r e m e Begünstigung der realen Wissenschaften. Vom Anfange bis zum Ende der Schulzeit soll die Aufmerksamkeit der Schüler zumeist auf sie gerichtet werden.

Vielen ist diese Frage schon zu alt und die wesentlichen Punkte auf beiden Seiten sind zu wohl bekannt, als dafs eine Besprechung derselben neues Interesse erwecken könnte. Aber die Ansichten eines so bedeutenden Mannes wie Herbert Spencer, verdienen Aufmerksamkeit, und die Thatsache, dafs er diese Streitfrage nach seiner Meinung entschieden hat, ohne den positiven Wert der Sprache oder Geschichte in Betracht zu ziehen, erregt den Wunsch, seinen ganzen Gedankenlauf zu wissen und denselben zu prüfen.

Unterwerfen wir seinen Schulplan der Kritik, und zwar in der von ihm angegebenen Ordnung, e r s t e n s von dem Standpunkte des Nutzens, z w e i t e n s von dem der Geistes- übung aus.

Hiernach kommt zunächst die Physiologie an die Reihe. Wie er fordert, so wird in diesem Fache thatsächlich in den

---

[1]) Doch sind zu diesen Fächern Naturkunde, Zeichnen, Geographie, Sprachlehre und vielleicht einige nicht erwähnte hinzurechnen.

[2]) „Unter Wissenschaft versteht Spencer alle Zweige des menschlichen Wissens aufser Litteratur und Geschichte." W. H. Payne, Contributions to the Science of Education, London, Blackie and Son. Seite 36.

[3]) Dennoch ist die Sociologie selbst eine Art Geschichte. Die Frage, welche Art? wird später zur Sprache kommen.

meisten Schulen unterrichtet, von vielen aus dem angegebenen Grunde, nämlich weil sie zur unmittelbaren Selbsterhaltung und zum Aufziehen der Nachkommenschaft dient: und von anderen, welchen der praktische Nutzen in der Auswahl gar nicht einmal maſsgebend ist, wird dieser Wert doch als wichtig anerkannt. Wenn wir aber Spencers eigenen Maſsstab: „Was nützt es?“, „Welches ist der praktische Wert?“ auf diesen Unterricht anlegen, so finden wir, daſs die Physiologie kaum als eine Wissenschaft zu betreiben ist. Nur der Teil wäre zu lehren, welcher in der Sorge für das körperliche Wohl behülflich sein könnte. Der schlieſst aber die wissenschaftliche Physiologie gröſstenteils aus und läſst fast nur die empirischen Vorschriften, d. h. die Hygiene übrig. Solchen Unterricht sollte gewiſs jeder erhalten, um die günstigen Bedingungen des Lebens sich zu bewahren. Aber mehr ist zum Zwecke des praktischen Nutzens bald mehr, bald weniger wertlos, da, wenn eine wirkliche Krankheit droht oder sich einstellt, ärztliche Behandlung allein ratsam ist; es wäre doch äuſserst gefährlich und thöricht in einem solchen Falle, dem eigenen Wissen zu trauen, selbst wenn die Physiologie als Wissenschaft in der Schule getrieben worden wäre. Ob Spencer hauptsächlich die Hygiene gelehrt haben will, kann nicht entschieden werden; er behauptet bloſs, daſs „ein solcher Kursus der Physiologie, wie er zum Verständnis ihrer allgemeinen Wahrheiten und des Einflusses desselben auf das tägliche Verhalten nötig ist, einen hochwichtigen Teil einer vernünftigen Erziehung ausmacht.“

Gehen wir über zu der zweiten und wichtigeren Forderung, daſs Wissenschaften wie Mathematik, Mechanik, Physik, Chemie, Biologie, Astronomie, Geologie und Sociologie eine Stelle in jedem Schulplan finden sollten. An dem Werte solcher Kenntnisse zweifelt niemand, aber des Philosophen Gründe dafür, warum sie zu den Hauptgegenständen des Unterrichtes erhoben werden sollten, müssen sorgfältig untersucht werden. In kurzem lauten sie folgendermaſsen: „Abgesehen von nur einigen wenig zahlreichen Klassen von Menschen, womit beschäftigen sich alle? Sie beschäftigen sich mit der Erzeugung, Bearbeitung und Verteilung der Mittel zum Leben. Und wovon hängt der wirksame Betrieb bei der Erzeugung, Bearbei-

tung und Verteilung der Mittel zum Leben ab? Er hängt ab
vom Gebrauche der Methoden, welche der Natur dieser verschiedenen Verbrauchsgegenstände entsprechen: er hängt ab,
wie nun der Fall im besonderen liegen mag, von einer angemessenen Bekanntschaft mit ihren physischen, chemischen
und biologischen Eigentümlichkeiten, d. h. er hängt ab von
der Wissenschaft." Daher sollten diese Wissenschaften gelehrt
werden. Wie viele? Die schon genannten wenigstens und
vielleicht noch andere. Welchen Kindern soll dieser Unterricht
erteilt werden? Allen, oder wenn es Ausnahmen giebt, beziehen sie sich „nur auf einige, wenig zahlreiche Klassen von
Menschen."

Betrachten wir zunächst genauer, auf welche Weise
wissenschaftliche Kenntnis dem Einzelnen nach Spencer wertvoll
ist. Dabei brauchen wir nur diejenigen Beispiele zu benutzen,
welche Spencer selbst angeführt hat.

Dem Zimmermeister, dem Feldmesser, dem Architekten,
Maurer, Ingenieur ist ein Verständnis der Mathematik nötig, weil
es zu ihrem Berufe gehört. Aus demselben Grunde müssen Er-
finder von Maschinen, Maschinenbaumeister, Fabrikanten und
Schiffsbauer die Gesetze der Mechanik wissen. Wer Explosionen
in einem Bergwerke durch eine neue Erfindung vorbeugen, wer
durch das Mikroskop Krankheiten und Fälschungen entdecken
oder durch Untersuchungen im Felde der Elektricität und des
Magnetismus Leben und Eigentum retten will, der wird die
Physik als Berufsfach studieren müssen. Mit der Chemie werden gleichfalls Bleicher, Färber, Kattundrucker, Schiefspulver-
verfertiger etc. sich beschäftigen müssen. Der Kapitän eines
Schiffes muſs die Astronomie gründlich studiert haben und es ist
zum Vorteil des Landwirts, ebensowohl die Bodenkunde, wie die
Anatomie und Physiologie der Haustiere getrieben zu haben.
Kurz, um neue Entdeckungen in der Wissenschaft zu machen
und das schon Bekannte darin richtig zu verwerten, ist es
nötig, daſs viele Menschen sich eine oder wenige Wissenschaften auswählen und als Fachmänner sie gründlich und
fortwährend bearbeiten, was denn auch thatsächlich geschieht.
So werden also erstens wissenschaftliche Kenntnisse als
Berufskenntnisse brauchbar gefunden.

Zweitens: Es genügt jedoch nicht, daſs jeder nur
das Wie und Warum der Dinge und Vorgänge verstehe,

die ihn als Fachmann so nahe angehen: „es ist oft von
grofser Bedeutung, dafs er auch das Wie und Warum verschiedener anderer Dinge verstehe." Wieder führen wir
Spencers eigene Beispiele an: In dieser Zeit, wo so viele
Personen sich an Geschäfts-Unternehmungen aufserhalb ihres
besonderen Faches interessieren und beteiligen, gebührt es
einem jeden, etwas von den solche Unternehmungen beein-
flussenden Wissenschaften zu verstehen. Z. B. hier ist eine
Grube, bei deren Anlegung viele Teilhaber sich zu Grunde
gerichtet haben, weil sie nicht wufsten, dafs zu dem alten
roten Sandstein ein gewisses Mineral gehört, unter welchem
sich keine Kohle befindet. Es sind zahlreiche Versuche gemacht worden, elektromagnetische Maschinen herzustellen, in
der Hoffnung, des Dampfes entbehren zu können. Hätten die,
welche das Geld hergaben, das allgemeine Gesetz von der
Wechselwirkung und Ausgleichung der Kräfte verstanden, sie
hätten bei ihren Bankiers eine bessere Abrechnung gehabt.
So giebt es kaum einen Ort, der nicht seine Geschichte von
Reichtümern zu berichten hätte, die für ein unausführbares
Projekt verausgabt worden sind.

Auf diese beiden Weisen also sind die Wissenschaften
von Nutzen; sie dienen dem Fachmann als Berufsfächer, und
sie enthalten Kenntnisse, welche hie und da, je nach der Ge-
legenheit, angewendet werden können, um Verluste zu vermeiden und Vorteile zu verwerten.

Was ist daraus in Beziehung auf den Schulkursus zu
folgern? Spencer folgert hauptsächlich daraus, dafs solche
Wissenschaften den Hauptteil desselben ausmachen sollten.
Diese Folgerung ist einer Untersuchung würdig. Zunächst,
insofern die Wissenschaften zu lehren sind, weil sie später
Berufsfächer werden, scheint es als ob Spencer die Volks- und
Bürgerschule und das Gymnasium gern in Fachschulen ver-
wandeln möchte. Und dieser Schein wird durch die tadelnde
Art folgender Behauptungen bestätigt: „Unsere Gewerbethätig-
keiten würden aufhören, wenn nicht die Menschen, nachdem
nach landläufigem Urteil ihre Erziehung beendet ist, einen
neuen Unterricht empfingen. — — Hätte es keinen Unterricht
weiter gegeben, als den, wie er in unsern Schulen erteilt wird,
England würde jetzt noch sein, was es in den Feudalzeiten

war. — Die wesentliche Kenntnis — die, durch welche wir
uns zu einer Nation entfaltet haben, wie wir sie jetzt sind,
und auf welcher unsere ganze Existenz gegründet steht —,
diese Kenntnis hat ihre Lehrstelle in Winkeln und Ecken gehabt, während die verordneten Männer des Unterrichts wenig
anderes als tote Formeln gesammelt haben." Dafs die Forderung, die Erziehungsschulen in Berufsschulen umzuwandeln,
zu den gröfsten Einseitigkeiten führt und auf Unmöglichkeiten
stöfst, während der sittlich-religiöse Charakter unberücksichtigt
bleibt, ist den meisten Gebildeten so entschieden klar, dafs
sie hier keiner Besprechung bedarf. Dennoch ist es von Interesse zu wissen, inwiefern Spencers Ansicht unter den
englisch redenden Völkern Annahme gefunden hat. Deswegen
führen wir die Meinungen mehrerer, auf dem Gebiete der
Pädagogik bedeutender Männer an.

„Der Zweck der Erziehung ist, wie ich glaube, nicht der,
den Schüler in irgend einer Wissenschaft vollkommen zu machen, sondern der, seinem Geiste jene Freiheit und Neigung,
wie jene Gewöhnungen anzueignen, welche ihn befähigen
sollen, jeden Zweig des Wissens selbst zu beherrschen."[1])

„Auch dürfen wir uns nicht irre machen lassen durch das
oft ungerechtfertigte Aufheben, das man von den sogenannten
nützlichen Kenntnissen macht.

„Kenntnisse, welche ohne Zweifel einigen Personen nützlich sein können, sind für andere vielleicht ganz wertlos.
Deshalb soll die Erziehung zwar eine Vorbereitung für das
spätere Leben sein, aber eine allgemeine, keine Vorbereitung für einen gewissen Beruf; sie kann auch keine Vorbereitung für eng begrenzte und specielle Zufälligkeiten sein.
Der Zweck der Erziehung ist vielmehr der, den Menschen zu
bilden, nicht den Bäcker — — den Menschen, nicht den
Advokaten — den Menschen, nicht den Ingenieur."[2])

„Ich glaube, dafs die intellektuelle Bildung nicht sowohl
bezwecken soll, Thatsachen zu überliefern, so wertvoll sie
auch an sich sein mögen, als dem Knaben zu zeigen, woraus

---

[1]) John Locke, Some Thoughts on Education.
[2]) Joseph Payne, Lectures on Science and Art of Education. Boston
1884. S. 249. First Professor of the Science and Art of Education, in
the College of Preceptors, London.

wahres Wissen besteht und ihm zu der Befähigung und Neigung zu verhelfen, sich dieselben zu erwerben."[1])

"Auch ist es nicht Sache der Lehrer, den Ansprüchen des späteren Lebens zuvorzukommen, indem man den Schülern Kenntnisse mitteilt, welche auf die oder jene Beschäftigung oder Berufsart hinzielen.

"Wollte man das thun, so wäre es nicht nur eine Ungerechtigkeit gegen d a s Kind, welches nicht den betreffenden Beruf erwählen wollte, sondern auch gegen dasjenige, welches ihn wählen würde; denn sein Wissen würde frühzeitig einseitig werden und seine Gedanken auf eine Bahn gelenkt, die als Zweck und Ziel nur den Gelderwerb hat. Die Pflicht der Schule ist, solche Thätigkeiten hervorzurufen und solche Kenntnisse mitzuteilen, welche in allen denkbaren Berufsarten und bei allen Beschäftigungen anwendbar sind. Sie kann dies am besten thun, lieber wenn sie d i e Bedürfnisse in Betracht zieht, welche m e n s c h l i c h und a l l g e m e i n sind, als wenn sie nur die Wege und Mittel ins Auge faßt, durch welche ein gewisses Kind seinen Lebensunterhalt verdienen soll."[2])

Wie nahe an Herbarts Gedanken grenzen diese Ansichten, wenn derselbe sagt: "Wo für Temperatur des geistigen Interesses und für Gesundheit gesorgt war, da findet sich am Ende von selbst so viel Verstand und Fügsamkeit zusammen, als man braucht, um durchs Leben zu kommen."[3])

Es ist also klar, daß Spencers Forderung bei diesen Pädagogen wenig Anklang gefunden hat.[4])

Der zweite Grund warum die realen Wissenschaften den Hauptteil des Lehrplanes ausmachen sollen, war der, daß man sich oft für Geschäftsunternehmungen außerhalb seines eignen Berufes interessiert. Wenn man danach auch e i n e, zwei oder höchstens drei Wissenschaften außer acht läßt, die zum Beruf

---

[1]) Reverend R. H. Quick, Essays on Educational Reformers, Cincinnati U. S. A. 1887. S. 241. Late University Lecturer at Cambridge on the History of Education.

[2]) J. G. Fitch, Lectures on Teaching, Cambridge, England, 1887. S. 417. Her Majestys Inspector of training colleges.

[3]) Herbarts Pädagogische Schriften von Willmann. B. I. 515.

[4]) Prof. Bain in seinem "Education as a Science" bespricht diesen Punkt nicht. Aber es unterblieb ohne Zweifel, weil er die Meinung hegt, daß es unnötig ist. Er begünstigt sehr eine allgemeine Bildung, welches bedeutet, daß er einer Fachbildung in Volksschulen sich entgegen stellt.

nicht erforderlich sind, so findet man doch eine Fülle von
Stoff, welche jeden Schüler zu beschäftigen hat, aus Wissenschaften bestehend, die betrieben werden sollten, weil sie e i n s t
m ö g l i c h e r w e i s e von Nutzen sein werden. Sie sind von
wesentlicher Bedeutung, weil sie Vorbereitung auf die Z u -
f ä l l i g k e i t e n des Lebens geben. Diesen Standpunkt zeigen
die zwei oben angeführten Beispiele von der Grube und der
elektromagnetischen Maschine sehr deutlich.

Wird nicht hier etwas ganz Unberechtigtes und Unzweck-
mäfsiges verlangt? Denn eine gründliche Kenntnis der vielen
erwähnten Wissenschaften ist gewifs unmöglich, eine ober-
flächliche aber wird von unsrem Philosophen selbst entschieden
verurteilt.

Und dann, wenn sie möglich wäre, so wäre sie trotzdem
unzweckmäfsig; denn Teilung der Kenntnisse, wie Teilung der
Arbeit, ist dem Fortschritt des Menschen äufserst günstig.
Es ist eigentümlich, dafs das Princip der Arbeitsteilung, welches Spencer in seiner Sociologie so vielfach bespricht und
als vorteilhaft anerkennt, in dem Gebiete des Wissens ganz
und gar übersehen wird. Wenn so viele Wissenschaften so
zu treiben sind, dafs jedermann mit Sicherheit solche fach-
wissenschaftlichen Fragen beantworten kann, wie z. B. wo
Kohlen zu finden sind, dann hören Berufe meistens auf; jedermann verläfst sich auf sein eigenes Wissen.

Allein dieser schöne Zustand des Allwissens ist nur ein
blofser Gedanke: kein Mensch kann alles lernen, was zu seiner
Führung nötig sein mag und es ist thöricht, es zu versuchen.
Der Schlufs, welchen Spencer aus seinen Beispielen zieht, ist
nicht der richtige. Die Leute, von denen er spricht, brauchten
nicht so viel wissenschaftliche Kenntnisse wie „common sense“.
Ihr Fehler lag in ihrer Thorheit; in solchen Fällen hätten
sie natürlich sich an erprobte Fachmänner wenden sollen,
um deren Urteil über ihre Unternehmung zu hören, oder um
mit Herrn Pastor Quick zu reden: „Spencer führt Beispiele an,
wie die Wissenschaft sehr kostspielige Thorheiten vermeiden
lehrt; aber die richtige Folgerung ist nicht die, dafs die
Thoren die betreffende Wissenschaft lernen sollen, sondern
dafs sie sich nur um ihre eigenen Sachen bekümmern und in
anderen Dingen den Rat von Fachmännern befolgen sollen.“[1])

---

[1]) Quicks Educational Reformers. S. 234.

Die in der Schule gewonnene Kenntnis kann für technische Fragen selten ausreichen; diese Thatsache sollte man anerkennen und danach handeln. Gewiſs giebt es Leute, „die täglich dazu verleitet werden, die Inswerksetzung von Erfindungen zu unterstützen, deren Unzulänglichkeit ein bloſser Anfänger in der Wissenschaft hätte beweisen können." Aber solche würde mehr wissenschaftliches Wissen kaum retten, sie sind bestimmt, Verluste zu ertragen, weil es ihnen zu sehr an Erfahrung und Verstand fehlt. Des Philosophen Fehlschluſs ist in kurzem folgender: Weil wissenschaftliche Kenntnisse aller Arten einem jeden nützlich sein können, darum sollte jeder sich alle Arten selbst aneignen. Das ist nicht nötig. Man kann den Nutzen der Kenntnisse anderer Personen genieſsen, und das thut man, wenn man z. B. zu dem Arzte schickt. Dies übersieht Spencer gänzlich und deshalb bemerkt Joseph Payne: „Der allgemeine Schluſs also, den wir nach der Prüfung von Herbert Spencers Theorie ziehen, ist der, daſs ihre angenommene Befriedigung die Annahme in sich faſst, daſs jedermann sein eigner Arzt, Advokat, Architekt, Amtmann, Schneider und vermutlich Geistlicher sein sollte."[1])

[1]) Joseph Paynes Lectures on the Science and Art of Education. S. 247. Einen ähnlichen Einwand hebt Dilthey hervor: „Die Hoffnung Herbert Spencers, eine Abmessung des Erziehungswertes der Lehrobjekte aus der Anwendung des utilitaristischen Prinzipes auf die Bildung des Individuums zu gewinnen, ist trügerisch. Denn indem Herbert Spencer für jedes Individuum gleichförmig in utilitaristischer Atomistik diese Rechnung ansetzt, erhält er einen Zögling, der vor allem Medizin erlernen muſs, um für seine Gesundheit, sein höchstes Gut, als Medizinalpfuscher zu sorgen, ferner politische Ökonomie, um seine Kapitalien rationell anzulegen, und man würde sich nicht wundern, wenn er diesen von ihm erfundenen Robinson inmitten der Gesellschaft auch kochen lernen lieſse."
Über die Möglichkeit einer allgemeingültigen pädagogischen Wissenschaft. XXXV. Sitzungsbericht der Königlich preuſsischen Akademie der Wissenschaften. Berlin 1888.
Die deutschen Stimmen sind im ganzen einstimmig gegen die Spencersche Pädagogik, obwohl sie manche Punkte enthält, die sehr zu beachten sind.
So Prof. Willmann, „Didaktik als Bildungslehre". Braunschweig 1882. I. Bd. S. 38.
Stoy, Jenaische Litteraturzeitung. 1875.
Landenberger, „Pädagogische Studien". Ludwigsburg 1886. S. 280 f.
Müller, Bündner Seminar-Blätter. III. Jahrgang 1884—1885.

Man mufs zwei Arten des Wissens unterscheiden, erstens die Art, welche einen direkt praktischen Wert, zweitens die, welche einen indirekt praktischen Wert hat. Jene mufs man selbst besitzen, um den Nutzen davon zu geniefsen; diese, wie ärztliche und Fachkenntnis überhaupt, können andere Personen besitzen, während man doch den Nutzen davon hat, wenn man will. Nur dasjenige Wissen mufs von jedem erworben werden, welches zum Leben erforderlich ist und dennoch durch die Kenntnisse anderer nicht ersetzt werden kann. Dies hat Spencer aufser acht gelassen und sich deswegen fast ad absurdum führen lassen, indem erfordert, dafs jeder das ganze Gebiet des Wissens beherrschen sollte.

Die dritte Pflicht eines Schulkursus war, Unterricht in der Behandlung der Nachkommenschaft zu geben. Es ist unseres Philosophen Verdienst, diesen Punkt richtig ins Licht gestellt und seine Bedeutung mehr fühlbar gemacht zu haben. Aber wenn man den Fragesteller um eine direkte Antwort auf die Frage bäte: „Worin hat dieser Unterricht zu bestehen und wie ist er zu erteilen?" — vielleicht würde er dann selbst sich in Verlegenheit befinden. Er empfiehlt wieder die Physiologie im Zusammenhange mit der Psychologie als Mittel zum besseren Verständnis der Erziehung in leiblicher, geistiger und sittlicher Hinsicht. Beide Wissenschaften sind den Schülern zu lehren zu dem Zwecke, dafs diese einst die so gewonnene Kenntnis in der Erziehung ihrer eigenen Kinder anwenden sollen. Allein wie soll man solchen Unterricht zu diesem Zwecke bei Kindern anfangen?[1]) Selbst wenn sie die Psychologie fassen könnten, es fehlt ihnen der Begriff elterlicher Verantwortlichkeit, welcher die Bedingung des Erfolges ist; sie haben kein Bedürfnis und kein Verständnis für die Behandlung der Nachkommenschaft.

Wir geben gern zu, dafs Spencer ganz recht hat in seiner Klage über die Unwissenheit der Eltern in der Erziehung ihrer Kinder und in der Forderung, dafs mehr Unterricht in dieser Hinsicht erteilt werden sollte, aber wir können nicht glauben, dafs derselbe dem Kindesalter zugehört. „Die beste Weise, auf welche wir die Jugend lehren können, ist, sie so zu er-

---

[1]) Wir denken uns, dafs Spencer das Schulalter von etwa dem 7. bis zum 15. oder 16. Jahre im Sinne hat, denn in diesem Kapitel bespricht er den Schulkursus der Volksschulen.

ziehen, dafs, wenn sie selbst Kinder aufzuziehen haben, die
Erinnerung an ihre Jugend ihnen ein Wegweiser und nicht
eine Warnung sein wird." Gewifs sind mehr Kenntnisse als
diese erforderlich, wie unter anderen Herr Pastor Quick behauptet; die Zeit der Erteilung aber mufs man einem späteren
Alter überlassen. Dies scheint auch uns zweckmäfsig.

Bis jetzt sind vom Standpunkte des Nutzens aus die
Mittel zu der Verrichtung von drei unter den fünf menschlichen
Thätigkeiten erörtert worden: nämlich die Physiologie, welche
zur unmittelbaren Selbsterhaltung, die Mathematik, Mechanik,
Physik etc., welche zur mittelbaren Selbsterhaltung, und
wieder die Physiologie und auch die Psychologie, welche zur
Erziehung der Nachkommenschaft dienen sollen.

Nun sind wir genötigt, das Mittel zu betrachten, wodurch
man ein ordentlicher Bürger werden kann, d. h. die S o c i o -
l o g i e. Ihr Grundgedanke liegt schon in dem in unserer
Einleitung erläuterten Begriff der Evolution. Der allmähliche
Fortschritt der Gesellschaft von dem ursprünglich einfachen
zu dem gegenwärtig sehr verwickelten Zustand, wie er da im
kleinen dargestellt wurde, ist der Gegenstand ihrer Betrachtung. „In jedem Falle hat sie zu ihrem Stoff das Wachstum,
die Entwicklung, die Bauart und die Verrichtungen des gesellschaftlichen Ganzen."[1]) Diese Zusammensetzungen und Verrichtungen sind aufeinander in einer bestimmten Ordnung gefolgt, und, wenn dies der Fall ist, „dann kann es kaum aus-
bleiben, dafs eine Kenntnis dieser Reihenfolge, durch welche
Gesellschaften sich bewegen, auf unsere Urteile einwirken
würde betreffs dessen, was fortschreitend und rückschreitend
— was wünschenswert, was thunlich, was chimärisch ist."[2])

Somit haben wir in Kürze den Inhalt und den Zweck der
Sociologie. Nur eine bedeutende Bestimmung fehlt noch. Sind
in diesem Entwicklungsgange w e n i g e Menschen als die all-
bedeutenden, als die diesen Gang verursachenden und be-
stimmenden, oder ist stets das V o l k, als ein Ganzes, hauptsächlich zu berücksichtigen? Ist der gesellschaftliche Fortschritt am besten durch die Thaten der leitenden Personen

---

[1]) Herbert Spencer, Study of Sociology. King and Co. London, 1877.
6. Aufl. S. 53.
[2]) Study of Sociology. S. 71.

zu begreifen, oder sind diese ganz in den Hintergrund zu drängen?

Gemäfs seiner Evolutionstheorie verlangt Spencer das Letztere. „Man mufs zugeben, dafs die Entstehung des grofsen Mannes von einer langen Reihe zusammengesetzter Einflüsse abhängt, die das Volk, in welchem er erscheint, und die Kulturstufe, zu welcher es langsam fortgeschritten ist, hervorgebracht hat. Wenn es eine Thatsache ist, dafs der grofse Mann seine Nation in ihrer Bauart und Thätigkeit modificieren kann, so ist es auch eine Thatsache, dafs, als Bedingung seiner eigenen Entwicklung, jene den nationalen Fortschritt ausmachenden Modifikationen vorangegangen sein müssen. Ehe er seine Gesellschaft wieder machen kann, mufs diese ihn erst erzeugen; so dafs alle Veränderungen, wovon er der unmittelbare Einführer ist, ihren Hauptgrund in den Generationen finden, von denen er abstammt. Wenn es eine in irgend welchem Grade genügende und wahre Erklärung jener Umwandlungen giebt, dann mufs sie in jenem Aggregat von Zuständen gesucht werden, aus welchem, sowohl er wie sie entstanden sind."[1])

Die Geschichte wird erklärt, weder durch übernatürliche Vermittelung, noch durch die überwiegende Thätigkeit hervorragender Männer. Der hervorragende Mann kann die allgemeine Entwicklung nur stören, zurückhalten oder befördern; im ganzen genommen bleibt sie aufserhalb seiner Gewalt. Darum „wenn Sie wünschen, die Phänomene der socialen Evolution zu verstehen, so werden Sie es doch nicht können, selbst wenn Sie sich blind lesen über alle Biographien in der Geschichte, bis herab zu Friedrich dem Gierigen und Napoleon dem Treulosen."[2])

Daraus geht hervor, dafs die Entwicklung des Volkes als eines Ganzen allein ins Auge zu fassen ist. Blofs Kulturgeschichte soll in Betracht gezogen werden und das mit einer ziemlich gleichmäfsigen Berücksichtigung aller Menschen. Das Gesetz der Evolution ist ein Weltgesetz; das Volk ist e i n Körper; das Wachstum dieses Körpers nach diesem Gesetz

---

[1]) Study of Sociology S. 34. Wie ein Mensch von den vorangehenden Generationen so abhängig, dafs er gleichsam das Produkt derselben ist, wird in dem § über das Lehrverfahren dargelegt.

[2]) Daselbst S. 37.

soll Gegenstand der Geschichte sein; einzelne Menschen sind
äufserst kleine Teile dieses Körpers und dürfen deswegen die
Aufmerksamkeit auf sich nicht ziehen. Unsere Bestimmung
ist nun klar. Eine solche Geschichte oder besser Sociologie sollte nach
Spencer unterrichtet werden. Der Zweck dabei ist nicht zu-
sammenhangslose Thatsachen zu lernen, sondern vielmehr
Thatsachen mit einander zu vergleichen, um daraus Schlüsse
zu ziehen, wodurch man sich seinen Verhältnissen besser anpassen und daher gröfseres Glück geniefsen kann.

Nehmen wir nun vorläufig an, dafs des Philosophen Klage
über Geschichte der gewöhnlichen Art ganz berechtigt sei und
dafs die Sociologie als Ersatz dafür an ihre Stelle treten mufs;
was folgt daraus? Würde es möglich sein, seinen eigenen Zweck
zu erreichen? Daran dürfen wir zweifeln; denn erstens, die
Bücher, die bei solchem Unterricht zu gebrauchen wären, sind
jetzt, wie vor 27 Jahren, meistens noch zu schreiben. Es
wäre gut, wenn die richtigen Grundsätze staatlicher Thätigkeit dargestellt werden könnten, aber Thatsache ist, dafs
sie selbst zu sehr im Gebiete des Zweifels und der Ungewifsheit noch liegen, als dafs man über sie Kinder mit Erfolg
belehren könnte. Das Höchste, was zu thun wäre, würde sein,
ein Gefühl der Verantwortlichkeit dem Geist des Zöglings
einzuflöfsen und ihn von der Notwendigkeit der Überlegung
politischer Handlungen zu überzeugen.

Aber diese Schwierigkeit könnte vielleicht überwunden
werden. Wenn es nur nicht gröfsere gäbe! Sociologie gehört
den schwersten Wissenschaften an. Sie setzt nicht nur viele
Kenntnisse voraus, sondern sie ist selbst abstraktester Art.
„Ohne Bekanntschaft mit den Grundbegriffen der Biologie und
Psychologie," sagt Spencer, „ist eine vernunftgemäfse Auslegung socialer Erscheinungen unmöglich." Und wenn man
diese hat, dann kommt das zweite Hindernis, die abstrakte
Beschaffenheit der Wissenschaft. Freilich sind ihre grund-
legenden Thatsachen konkreter Art, aber mit ihnen darf man
sich nicht begnügen. Aus den Thatsachen sind Schlüsse zu
ziehen, aus diesen andere etc., bis Regeln für das Handeln
gewonnen werden. Wie weit würden Schüler damit kommen?
Es ist sehr zu befürchten, dafs das rege Interesse schnell ab-
nehmen würde und dafs endlich viele Thatsachen sich ebenso

unorganisierbar und untauglich für das Handeln erweisen würden, wie „die fünfzehn entscheidenden Schlachten", oder die „Biographien der Monarchen" sich jetzt erweisen.

Aber bei weitem die wichtigsten Fragen sind die: erstens, ob Spencer recht hat, wenn er behauptet, daſs „der in diesem Fache (Geschichte) erteilte Unterricht zu Zwecken der Führung im Leben fast wertlos" sei? Und dann zweitens, wenn er zu dieser Behauptung zum Teil berechtigt ist, ob der Schluſs, den er daraus folgert, nämlich die Geschichte als Lehrfach aufzugeben, gleichfalls zu rechtfertigen ist?

Als Beleg für das Erste wird gefragt: „Angenommen selbst man habe nicht allein die fünfzehn entscheidenden Schlachten der Welt, sondern Schilderungen aller anderen Schlachten, deren die Geschichte erwähnt, fleiſsig gelesen, um wie viel verständiger wird das Urteil ausfallen bei der nächsten Wahl?" Die angedeutete Antwort können wir nicht annehmen, weil die Kenntnis dessen, was in vergangenen Zeiten geschehen ist, Kenntnis ist, welche des Menschen ganzen Charakter und darum seine Handlungen beeinfluſst. Selbst wenn sie schlecht überliefert wird, so korrigiert sie wenigstens doch die Beschränktheit der eigenen Erfahrung. Die Weise, auf welche der Maſsstab angelegt wird, ist nicht passend. Da man keinen direkten Zusammenhang sieht zwischen dem Wissen einer geschichtlichen Thatsache und einer gewissen Handlung, deswegen darf man nicht schlieſsen, daſs es keinen Zusammenhang giebt. Der Einfluſs alles Wissens kann nicht immer verfolgt und mathematisch gemessen werden. Es giebt ein Wissen, welches den Charakter als Ganzes beeinfluſst und veredelt, während seine Wirkung auf einzelne für sich betrachtete Thätigkeiten schwer oder unmöglich zu bestimmen ist. Die Geschichte enthält solche Kenntnis in hohem Maſse und es ist kaum erklärlich, daſs Spencer es nicht anerkannt hat. Diesen Wert der Geschichte behauptet unter anderen Herr Prof. Payne entschieden und nennt ihn ihren Kulturwert (culturvalue)[1]). Damit meint er nicht ihren praktischen

---

[1]) W. H. Payne, Contributions to the Science of Education. London, 1887. S. 58. Payne is Chancellor of the University of Nashville and President of the Peabody Normalschool. Formerly Prof. of the Science and Art of Teaching in the University of Michigan. U. S. A.

Wert, wie wenn sie gewissermafsen einen Ersatz der Erfahrung bietet und dadurch klüger macht, sondern er meint den
Wert, der daraus folgt, dafs sie die ganze Denkweise eines
Menschen durchsetzt, gerade wie ein tonisches, stärkendes Mittel
auf den Leib einwirkt. Dafs die Geschichte einen solchen
Wert hat, dafs sie das sympathetische und gesellschaftliche
Interesse fortdauernd rege hält, dafs sie das moralische Urteil
in der Unterscheidung des Guten und Bösen beständig übt
und dafs diese Übung eine erhöhende Wirkung auf den Charakter hat, das alles ist fast selbstverständlich geworden, und
doch leugnet Spencer nicht allein dies, er scheint die Bedeutung eines solchen Einflusses auf den Charakter überhaupt
nicht einzusehen. Nirgendwo stellt er ihn als Ziel des Unterrichtes auf; stets ist alles auf den Verstand, nicht auf das
Herz, das Gemüt berechnet. Nur wenn man seinen Begriff
des Menschen, wie er in seiner Psychologie steht, buchstäblich
auslegt, findet man Aufschlufs über diese sonderbare Haltung.
Danach ist der Mensch blofs das klügste Tier, nicht ein moralisches Wesen.

Dennoch sind seine Betonung des Wertes der Kulturgeschichte und seine Anweisungen über den Unterricht derselben sehr verdienstvoll. Obwohl nicht überall, so hat er
doch in vielen Hinsichten recht, wenn er seine Stimme so laut
gegen den gegenwärtigen Geschichtsunterricht erhebt; denn
sein Stoff besteht zu oft aus bedeutungslosen oder wenigstens
unverständlichen Thatsachen. Aber daraus ist nicht zu folgern,
dafs dieses Fach abzuschaffen ist und dafs die Sociologie seine
Stelle einnehmen soll. Die Folgerung ist nur, dafs Geschichte
besser gelehrt werden mufs, wie besonders in den letzten
Jahren erstrebt wird.[1])

Doch keineswegs ist aus dem Geschichtsunterricht alles
Persönliche, alles Biographieartige zu verweisen; denn in
dem Falle scheinen die Thatsachen uns zu entfernt und
die Schlüsse zu allgemein, um auf uns eine Wirkung aus-
zuüben.

. Spencer will blofs eine Naturgeschichte der Gesellschaft
lehren: er betont eine Darstellung der Regierung mit so viel
Erörterung wie möglich über Ausbau, Zusammensetzung,

---

[1]) So von J. G. Fitch. Loctures on Teaching. S. 370.

Grundsätze, Methoden, Vorurteile, Verderbnisse etc., die daran
sichtbar sind; er verlangt eine gleiche Schilderung der kirchlichen Herrschaft, die sich über deren Gestaltung, ihr Thun und
Lassen, ihre Beziehung zum Staate zu verbreiten hat; daneben
soll auch nicht fehlen eine Beschreibung der Kultusgebräuche
des Glaubens, der religiösen Ideen; ferner wünscht er eine
Belehrung über den von einem Stande auf den andern ge-
übten Zwang, über die abergläubischen Vorstellungen, über
die Teilung der Arbeit, die Verbindung zwischen Arbeitern
und Arbeitgebern, über den Grad der ästhetischen Kultur und
schliefslich über das praktische Verhalten aller Stände, wie
dasselbe in ihren Gesetzen, Gewohnheiten, Sprichwörtern und
Thaten vorliegt. Man sieht, es ist von persönlichen Einwir-
kungen hierbei nichts zu spüren; aber gerade darin steckt der
Fehler. Es wäre alles vortrefflich, wenn diese Sachen so viel
als möglich zu bestimmten geschichtlichen Personen in Beziehung
gesetzt wären; denn dadurch würden nicht blofs die verschieden-
artigsten Thatsachen besser zusammengehalten, sondern auch
das sympathische Interesse, welches immer an Personen haftet,
würde in viel höherem Grade erregt werden. Die moralischen
Wahrheiten würden wegen ihrer engsten Verbindung mit konkreten Fällen ihre so abstrakte Beschaffenheit verlieren und
deswegen auf das Gemüt der Kinder mehr einwirken. Dies
will aber Spencer eben nicht. Der Grund liegt wohl darin,
dafs er nicht nur den kulturellen Wert der hervorragenden
Männer in der Geschichte unterschätzt, sondern auch die besten
Mittel zur Beeinflussung des Charakters geradezu verwirft.
Also ist gegen Spencer in Kürze einzuwenden, dafs er den
Kulturwert der Geschichte leugnet; dafs die Sociologie, die er
an ihrer Stelle einführen will, eine unentwickelte Wissenschaft
und gar zu schwer für Kinder ist und dafs die Vermeidung
aller Personalität in den Erzählungen ihren Einflufs auf den
Charakter abschwächt.[1]

Bei der Betrachtung der ästhetischen Bildung begeht
Spencer denselben Fehler, wie bei der Erwägung des Wertes
der Geschichte, d. h. er berücksichtigt wieder den unmittelbaren Nutzen allein; Nutzen wird von ihm im engsten Sinne

---

[1] Hier ist nur von Profangeschichte im Gegensatze zur Sociologie
die Rede gewesen. Biblische Geschichte ist Spencers religiösen Ansichten
gemäfs von vornherein ausgeschlossen.

gefafst. Es wird beklagt, dafs, während unser Erziehungs-
system das nötige Wissen nicht erteilt, „es mit der gröfsten
Sorgfalt lauter solche Dinge lehrt, die nur Raffinement, Politur
und Effekt gewähren." Hier ist eine Geringschätzung ästhe-
tischer Bildung klar. Litteratur z. B. dient zur Führung
des Lebens vielleicht ebensoviel, als irgend ein anderes Fach,
allerdings nicht auf eine direkte Weise, wie ein Berufsfach,
sondern auf eine indirekte, indem sie wie die Geschichte in-
haltsreiche Gedanken enthält, welche das Gewissen schärfen und
belehren und den Charakter erheben und veredeln. Ihr Kulturwert, behauptet Prof. W. H. Payne, ist selbst gröfser als der
der Geschichte[1]), und Campayre schätzt denselben so hoch,
dafs er diese fünfte Abteilung menschlicher Thätigkeiten als
dritte der Bedeutung nach anerkennt.[2])

Spencer versichert uns, dafs er die ästhetische Bildung
keineswegs gering anschlägt oder verachtet; aber was kann
es anders bedeuten, wenn er sagt: „Wie sie den Mufseteil des
Lebens ausfüllt, so sollte ihr der Mufseteil der Erziehung angewiesen sein." Dies scheint zu bedeuten, dafs dieser Belehrung nur dann Zeit einzuräumen ist, nachdem alle anderen
Fächer versorgt worden sind.[3]) Nun kann irgend eine der
vielen empfohlenen Wissenschaften wohl das ganze Leben in
Anspruch nehmen. „Wo sollen wir dann den Mufseteil der
Erziehung erwarten, da Erziehung alle Wissenschaft in sich
schliefst?"[4]) Es wird also nicht nur die Würde der ästhetischen Bildung verkannt, sondern ihre Stelle in dem Schulplan gefährdet,[5]) und da die biblische und Profan-Geschichte
schon aus dem Kursus ausgeschieden worden sind, so würden
auch keine Mittel zur moralischen Bildung übrig bleiben. Lassen
wir die weitere Besprechung der Stellung der ästhetischen

---

[1]) Prof. W. H. Payne, Contributions to the Science of Education.
S. 63.

[2]) Campayres History of Pedagogy, translated by Prof. W. H. Payne
into English. Boston 1886. S. 543.

[3]) Deshalb macht Campayre die treffende Bemerkung: Herrn Spencers
System ist entschieden zu aristokratisch; es scheint das moralische Leben
den Menschen allein vorzuhalten, welche ihren Neigungen leben können.
Daselbst S. 543.

[4]) Quicks Educational Reformers. S. 239.

[5]) Doch haben wir gesehen, dafs Spencer Zeichenunterricht von den
frühesten Schuljahren an erteilen läfst.

Bildung und betrachten wir die Bedingungen derselben. Die Behauptung, daß Wissenschaft die Grundlage der Hervorbringung der schönen Künste sei, braucht uns nicht lange aufzuhalten, weil, ob dies recht ist oder nicht, es nicht der Zweck der Schule ist, Künstler oder Berufsmänner überhaupt zu produzieren. Das gehört der Fachschule allein, wie schon erklärt. Man kann jedoch das Bedenken nicht unterdrücken, daß Spencer eine große Übertreibung sich zu Schulden kommen läßt, wenn er die Wissenschaft als eine so fundamentale Bedingung der vollkommenen Hervorbringung oder vollen Würdigung der schönen Künste betrachtet. Daß sie eine Bedingung ist, daran kann man nicht zweifeln, aber sie ist nur eine von vielen. Der Künstler, der das Vollkommene erreichen will, muß vieles berücksichtigen, aber eine specielle Bildung in so vielen Richtungen ist nicht deswegen zu empfehlen. Im Gegenteil, wenn die berühmten Maler sich sehr viel mit den Wissenschaften beschäftigt hätten, so hätten wir vielleicht nie von ihren groben Versehen gehört, vielleicht aber auch nicht von ihren Bildern. Aus den vielen Dingen, die auf die Aufmerksamkeit des Künstlers Anspruch machen, muß er sich denjenigen widmen, welche ihm am meisten behilflich sein können. Im Vergleich mit der Übung einer Kunst sind die exakten Thatsachen der Wissenschaften von geringerer Bedeutung. Man darf nicht gegen sie verstoßen, aber eine zu sorgfältige Berücksichtigung derselben wird oft eher schaden als helfen, wie wenn der Dichter die Ordnung der Worte eines Satzes oder die Wirkung des Geschriebenen auf die Leser stets zu sehr im Sinne hält. Elementare Kenntnis der Wissenschaft ist eine von den vielen Voraussetzungen zum Erfolg in der Übung einer Kunst; die wesentlichen Bedingungen aber sind natürliche Gaben, Geduld und lange Praxis.

Wenn wieder behauptet wird, daß zur vollen Würdigung der schönen Künste Wissenschaft gleichfalls notwendig ist, so finden wir hier etwas Wahres mit vielem Falschen vermischt. Wenn Wissenschaft alles Wissen, alle apperzipierenden Vorstellungen in sich begreift, so ist dies recht; aber in dem Sinne wird sie nicht verstanden, selbst von Spencer nicht, da er Geschichte, Sprachen, Litteratur etc. nicht als Wissenschaften betrachtet. Zwar besteht die größere Fähigkeit eines Mannes gegenüber der eines Kindes, die Schönheiten eines Gemäldes

zu erfassen, hauptsächlich in des ersteren umfangreicherer
Kenntnis derjenigen Wahrheiten in Natur und Leben, welche
das Gemälde wiedergiebt. Aber diese Wahrheiten gehören
keineswegs der Wissenschaft allein an. Wenn man z. B.
die Bilder einer Galerie ansieht, so hängt das Verständnis von
ihnen und die Freude daran meistens davon ab, ob die Gegenstände aus der Erfahrung bekannt erscheinen, oder ob man
die geschichtlichen Thatsachen weifs, die. dargestellt sind.
Wenn der Zuschauer die gemalte Landschaft gesehen hat, so
dafs er sie für sich ausmalen könnte, oder wenn er beim Anblick der Darstellung eines geschichtlichen Ereignisses, z. B.
Galileis Verhaftung, die Umstände ins Gedächtnis zurückrufen
kann, dann folgt eine Freude, die von der Wissenschaft in
Spencers Sinne wenig abhängt. Ja wir behaupten, dafs der
Genufs, den die Malerei, die Poesie, die Bildhauerkunst etc.
gewähren, viel eher aus der geschichtlichen Kenntnis, dem
sympathetischen Interesse und dem ästhetischen Geschmack
hervorgeht, als aus der Wissenschaft. Nur sein unmäfsiger
Eifer für diese hat den Philosophen dazu geleitet, das Gegenteil anzunehmen.

Wir sind nun fertig mit der Betrachtung des Lehrpensums
vom Standpunkte des Nutzens aus. Fassen wir die Resultate
zusammen, zu welchen wir gelangt sind, so sind es folgende:

1. Zur unmittelbaren Selbsterhaltung brauchen wir nur die
Resultate der Physiologie, nicht die Wissenschaft selbst zu
wissen.

2. Spencers Wunsch, einige Wissenschaften zu lehren,
weil sie später Berufsfächer werden, ist ganz zu verwerfen.
Seine Forderung, dafs eine Anzahl anderer Wissenschaften
Lehrgegenstände sein sollten, weil sie möglicherweise einst
brauchbar sein können, rührt aus dem Versehen her, dafs Teilung der Kenntnisse ebenso nötig ist, wie Teilung der Arbeit.

3. Eine bessere Vorbereitung für die Erziehung der Nachkommenschaft ist erforderlich; aber sie gehört einem späteren
Alter an, als Spencer zu denken scheint.

4. Er unterschätzt den bedeutenden Wert der Geschichte,
weil er ihren veredelnden Einfluss auf den Charakter, ja selbst
die Wichtigkeit eines solchen Einflusses nicht anerkennt. Der
Unterricht in ihrem Stellvertreter, der Sociologie, könnte
nicht sehr erfolgreich sein, weil die politischen Grundsätze

noch zu sehr im Dunkeln liegen und die Wissenschaft für Kinder zu abstrakter Art ist. Doch ist die Forderung, daſs mehr Kulturgeschichte gelehrt werde, ganz berechtigt, und die Auweisungen darüber sind sehr willkommen.

5. Spencer unterschätzt gleichfalls die ästhetische Bildung. während er andrerseits die Bedeutung der Wissenschaft, als Bedingung zur Hervorbringung und Würdigung der Künste sehr übertreibt. — Nach dem anfangs angegebenen Plan ist jetzt der Verhältniswert der wegen ihres Nutzens vorgezogenen Lehrgegenstände zum Zweck geistiger Übung in Betracht zu ziehen. Diese rätselhafte Frage wird unerwartet von unserem Philosophen sehr leicht gelöst, und zwar zunächst in folgender Weise: „Diesen Teil unseres Themas sind wir genötigt mit verhältnismäſsiger Kürze zu behandeln, und glücklicherweise ist eine ausgedehntere Behandlung desselben auch nicht notwendig. Haben wir gefunden, was für den einen Zweck das beste ist, so haben wir damit zugleich das beste für den andern gefunden. Wir können ganz sicher sein, daſs die Erwerbung derjenigen Klassen von Thatsachen, welche zur Regelung des Handelns von dem gröſsten Nutzen sind, auch das zur Stärkung der Fähigkeiten bestgeeignetste Bildungs- und Übungsmittel enthält. Es würde ganz und gar der schönen und weisen Einrichtung der Natur zuwiderlaufen, wenn eine Art von Ausbildung zum Gewinn von Belehrung, eine andere zur Übung des Geistes nötig wäre." Also kurz: die Kenntnisse, welche zur Leitung des Lebens am dienlichsten sind, müssen die beste Geistesübung geben, weil anders zu glauben, „ganz und gar der schönen und weisen Einrichtung der Natur zuwider" sein würde. Diese wichtige Behauptung wird als eine allgemeine Wahrheit hingestellt, und erst als solche, ohne Beziehung auf ihre Anwendung, ist sie zu prüfen. Sie stützt sich auf die Natur als eine Endursache, ja eine Göttin, die alles leitet und regiert, die wenigstens diese glückliche Übereinstimmung verursacht hat. Allein eine Kenntnis einer solchen Endursache, ausgenommen ihre Existenz, ist von Spencers Philosophie geleugnet und alle Thätigkeit ihrerseits in dieser Welt ist durch das Gesetz der Evolution ausgeschlossen. Es ist also überraschend, daſs wir Spencer in einem Hauptpunkte seiner Pädagogik sich auf eine alles leitende Vorsehung berufen

sehen, die mit seiner Philosophie unvereinbar ist. Aber wenn
kein Widerspruch sich hier fände, so bliebe doch diese Behauptung eine reine Hypothese, bis sie näher geprüft und mit
den Thatsachen verglichen worden ist. Als Beleg für ihre
Wahrheit hat Spencer erzählt, wie der Indianer, der Buschmann
und der Rechnungsführer die zu ihren Beschäftigungen nötige
Fähigkeit entwickeln. Zu seinem Gedeihen und Fortkommen
braucht der erste hauptsächlich Schnelligkeit und Behendigkeit,
und diese Eigenschaften werden am besten durch die wirkliche Verfolgung von Tieren gewonnen. Zur Führung durchs
Leben muß der Buschmann teleskopische Sehkraft besitzen,
und sie wird besser durch seine natürliche Beschäftigung, als
durch künstliche Übung erworben. So gewinnt auch der Rechnungsführer seine grofse Geschwindigkeit bei den Berechnungen
durch die tägliche Praxis im Geschäfte. Diese Fälle werden
als ausreichende Beweise dafür angeführt, dafs die nützlichsten
Thätigkeiten die beste Übung sowohl des Körpers wie des
Geistes gewähren. Betrachten wir sie näher und zwar zunächst
den ersten Fall, den Indianer betreffend. Wir räumen es ein, dafs
er durch die notwendigen und mannigfachen Thätigkeiten seines
Lebens ein besseres Gleichgewicht der Leibeskräfte und eine
sicherere Beherrschung derselben gewinnt, als je die Turnkunst
verleihen könnte. Was die Übung des Körpers betrifft, so hat
also Spencer in diesem Fall recht. Aber wie ist es bei der
Geistesübung? Ist diese Beschäftigung das geeignetste Mittel
zur Schulung des Geistes? Ja sie ist es unter einer Bedingung, nämlich, dafs der Indianer keine höheren Ziele im Auge
hat oder haben soll, als wie ein gutgefüttertes Tier fortzuleben,
als sich seiner Umgebung anzupassen und damit vollständig zu-
frieden zu sein. Wenn er aber als ein Mensch zu betrachten
ist, der eine menschliche Seele und geistige Bedürfniss hat, so
reicht gewifs eine solche Schulung des Geistes nicht aus, weil
die Verfolgung von Tieren die Gedanken wenig in Bewegung
setzt und wenig erhöht.

Wir dürfen auch daran zweifeln, ob es eine allgemeine
Regel ist, dafs die nützlichste physische Arbeit dem Körper
die gesundeste Bewegung schafft. Rufen wir uns den Eindruck
ins Gedächtnis, den das Aussehen einer Näherin oder eines
Schreibers gewöhnlich auf uns ausübt; ihre blassen Gesichter,
ihre ungesunde Farbe und physische Schwäche liefern oft

genug Beleg dafür, dafs ihr Beruf ihnen positiv schädlich ist. Es war also nur Zufall, dafs Spencers Beispiel von dem Indianer seine Behauptung unterstützt.

Nehmen wir ferner den Fall des Rechnungsführers; hier handelt es sich um geistige Übung allein und die Frage ist, ob die für ihn nützlichste Übung die beste Schulung der intellektuellen Fähigkeiten überhaupt schafft. Wir antworten wieder: wenn es der höchste und fast alleinige Zweck des Mannes ist und sein sollte, seinen Lebensunterhalt auf die betreffende Weise zu verdienen, dafs diese die geistige Übung ist, welche er am meisten braucht. Freilich werden dabei nicht alle oder viele seiner Fähigkeiten, sondern nur eine bestimmte Art entwickelt, nämlich die, „verschiedene Zifferreihen gleichzeitig zu addieren,“ allein diese Art sei dann von so hervorragender Wichtigkeit, dafs die anderen ihretwegen vernachlässigt werden dürfen. Wenn aber dies nicht der einzige Zweck eines Menschen sein kann, um nicht einseitig zu werden; wenn es etwas Höheres giebt als das physische Fortkommen allein; wenn es seine Pflicht ist, wertvolle Gedanken sich anzueignen, um seinen Charakter zu veredeln: — kurz, wenn es höchster Zweck eines Menschen ist, Mensch im edelsten Sinne zu werden: dann ist diese Geistesübung ein armseliges Mittel dazu. Die nützlichste Kenntnis giebt nicht die beste Disciplin. Ja wenn wir die Mittel im Auge behalten zur Erhebung eines Menschen zu dem Idealmenschen, so finden wir, dafs der direkt praktische Wert eines Wissens keineswegs mit seinem disciplinarischen übereinstimmt. Im Gegenteil behaupten wir, dafs diese Werte oft im umgekehrten Verhältnis zu einander stehen, oder dafs die Beschäftigungen, welche dem Kampf ums Dasein am dienlichsten sind, oft am wenigsten taugen als Mittel zur geistigen Bildung. Rücken wir z. B. wieder den Rechnungsführer eines grofsen Geschäftes in das Beobachtungsfeld. Sein Addieren verschiedener Zifferreihen auf einmal wird ihm bald eine sehr mechanische Sache und bei der Berechnung von Diskonto und Zins nimmt er einfach gedruckte Tabellen in die Hand, durch deren Gebrauch er möglichst schnell zu seinen Resultaten gelangt. Also arithmetische Regeln finden bei ihm nicht etwa Anwendung. Geschick in dem Gebrauch dieser Tabellen ist ihm nötiger als das Verständnis der mathematischen Gesetze. Je schneller und je mehr maschinenartig er arbeitet, desto nütz-

licher wird er seinem Geschäftsherrn und desto leerer wird
zugleich sein Kopf. Dennoch müßte Spencer darauf bestehen,
daſs dies die für den Mann bestmögliche Geistesübung wäre.
Herr Professor Bain scheint der entgegengesetzten Meinung zu sein, denn er sagt: „Alle Gebrauchsarten der Sprache,
die höchsten Regeln der Korrektheit und Schicklichkeit ein-
geschlossen, k ö n n t e n zum Zwecke der bloſsen Führung im
richtigen Sprechen und Schreiben erteilt werden; würde dabei
kein Versuch gemacht, sie in eine methodische Form zu bringen
oder vernunftgemäſs zu erklären, so möchte ein solcher Sprach-
unterricht sehr nützlich sein, a b e r e r w ü r d e n i c h t e i n e
G e i s t e s ü b u n g g e n a n n t w e r d e n k ö n n e n.“ [1])
Über denselben Punkt spricht sich Herr Professor W. H.
Payne in folgender Weise aus: „Ist es nicht klar, daſs, wenn
wir den Zögling als einen M e n s c h e n und nicht als bloſsen
Arbeiter betrachten, die unvergleichlich beste Erziehung aus
dem Lernen von P r i n c i p i e n resultieren wird?
„Wenn wir glauben, daſs unsere Schüler erst M e n s c h e n
werden sollen, ehe sie in Arbeiter umgewandelt werden, und
daſs sie Menschen bleiben, während sie noch Arbeiter sind,
dann müssen wir meinen, daſs der Wert des Wissens zum
Zwecke der Führung e i n s und der Wert des Wissens zum
Zwecke der Geistesübung ein ganz anderes sei. In der That
kann es keinem aufmerksamen Lehrer unbemerkt geblieben
sein, daſs der Erwerb derjenigen Kenntnisse, welche dem Kampf
ums Dasein am besten dienen, zum Zwecke geistiger Übung
fast wertlos ist.“ [2])
Ist es nicht jetzt klar, daſs die nützlichste Kenntnis n i c h t
ohne weiteres die beste Disciplin für den Geist giebt?
Das Gesagte, bezogen auf die Wissenschaften, bedeutet,
daſs Unterricht darin anders erteilt werden sollte, wenn der
praktische Nutzen, anders, wenn die geistige Disciplin Haupt·
zweck ist. Im ersten Falle würden, wie von der Physiologie
schon behauptet wurde, meistenteils nur R e s u l t a t e gelernt,
im zweiten vielmehr die W e g e z u d i e s e n R e s u l t a t e n
sorgfältig untersucht werden müssen.
Droht denn nicht Spencers Lehrgebäude zusammenzufallen,

---

[1]) Alexander Bain, Education as a Science. New-York 1894, S. 136.
Professor of Logic in the University of Aberdeen, Scotland.
[2]) Prof. W. H. Payne, Contributions to the Science of Education. S. 48.

fragt man, da die beste Geistesübung in dem nützlichsten Wissen
nicht immer zu finden ist und sein Lehrstoff doch nur aus dieser Art besteht? Nach unserm Mafsstab allerdings, nach seinem
eigenen jedoch nicht! Denn er ist seinen Weltanschauungen, wie
sie in unserem ersten Kapitel erklärt wurden, im ganzen treu
geblieben. Es steckt etwas Wahrheit in seiner Behauptung, und
diese allgemein ausgedrückt lautet: die thatsächliche Übung
eines Berufes ist (vielleicht) die beste Vorbereitung auf eine
bessere, eine geschicktere Übung desselben. Dasselbe ist
gleichfalls wahr, wenn das Wort Beruf in einem noch all-
gemeineren Sinne verstanden wird. Dann würde es heifsen:
jedermann findet sich in gewissen Verhältnissen; durch Übung
der Fähigkeiten in denselben entsprechen diese Fähigkeiten
ihnen stets vollkommener. Spencer will aber auch nicht mehr
erzielen, wie aus seiner Psychologie klar wurde; dieses Ziel
ist die grofse Aufgabe des Menschen. Den Indianer,
den Buschmann und den Rechnungsführer, jeden hat das
Schicksal mitten in gewisse Umstände hineingestellt; es fordert
von ihnen die Verrichtung bestimmter Thätigkeiten; durch
Übung in denselben müssen sie lernen, dieser Forderung in
geschickter Weise Genüge zu leisten. Dasselbe ist der Fall
bei allen Menschen; es kommt nicht darauf an, in welcher
Umgebung sie sich finden, ihre höchste Aufgabe besteht darin,
sich derselben anzupassen. Der Mensch und das Tier haben
dasselbe Ziel; der einzige Unterschied zwischen ihnen liegt in
der gröfseren Fähigkeit des ersteren zu dem Ziele zu gelangen.
Mit dieser Ansicht ist der Satz, dafs die nützlichste Kenntnis
die beste Geistesübung schafft, vollständig vereinbar; denn die
beste Geistesübung ist in diesem Falle nur die, welche zu der
Anpassung an die Umgebung am meisten hilft, d. h. solche,
welche am klügsten, am fähigsten macht in der Sorge für die
unmittelbare und mittelbare Selbsterhaltung. Wer also mit Spencer nicht übereinstimmen kann, mufs das Wort „beste" anders
definieren, d. h. er mufs einen anderen Begriff vom Menschen
haben. Derjenige hat einen anderen Begriff, der glaubt, dafs
der Mensch nicht Sklave seiner Umgebung ist; der ihm ein
selbständiges geistiges und moralisches Leben zuschreibt; der
der fordert, dafs er sich über seine Umgebung erheben,
dafs er alle seine geistigen Fähigkeiten weiter entwickeln, dafs
er seinen moralischen Charakter mehr veredeln sollte; dies

alles nicht, weil äufsere Umstände dazu zwingen, sondern weil die Natur des Menschen diese Pflicht ihm auferlegt hat.

Der Einflufs von des Philosophen eigentümlicher Auffassung des Menschen ist bei der Bestimmung des Lehrplanes von Anfang an sichtbar gewesen: erstens in der Betonung der Wichtigkeit der körperlichen Erziehung; zweitens in der Forderung, dafs Fachwissenschaften in der Schule gelehrt werden; drittens in der Verwerfung der Geschichte und Unterschätzung der Litteratur und Künste, weil sie hauptsächlich nur eine veredelnde Wirkung auf den Charakter haben, und dann schliefslich in dem Satze, dafs die nützlichste Kenntnis die beste geistige Übung schafft. Nur wer seine ganze Philosophie annimmt, kann ihm in allen diesen Punkten beistimmen.

Nach der Erledigung dieser allgemeinen Behauptung will Spencer ihre Bewahrheitung in den Wissenschaften finden. Zu dem Zwecke stellt er einen Vergleich an zwischen der Wissenschaft und der Sprache. Aber merkwürdigerweise werden die Vorzüge dieser nicht aufgezählt, der Vergleich wird gar nicht durchgeführt; nur die Vorzüge jener werden erwähnt und der Schlufs dann gezogen, dafs sie die beste Geistesübung giebt. Natürlich ist eine solche Beweisart ein wenig mangelhaft. Dennoch sehen wir, welche Vorzüge hervorgehoben sind. Erstens die Beziehungen der Thatsachen, welche die Wissenschaft aufdeckt, sind mehr ursächlichen Zusammenhanges, als es bei der Sprache der Fall ist; darum wird durch jene der Kausalbegriff am besten entwickelt.

Zweitens: die Wissenschaft ist das beste Übungsmittel zur Bildung des Urteils, da sie die Gewohnheit verleiht, aus gewissen Daten Schlüsse zu ziehen und dann durch Beobachtung und Experiment diese Schlüsse zu bewahrheiten. Hierin hat der Philosoph vielleicht recht.

Wie verhält sich nun die Wissenschaft zu der sittlichen und religiösen Bildung? Was die erstere anbelangt, so hilft sie dazu, jene Unabhängigkeit, „welche eine höchst schätzbare Eigenschaft des Charakters ist," zu erzeugen und „die Beharrlichkeit und Aufrichtigkeit zu üben." Bezüglich der zweiten erweckt sie eine Bevormundung der Natur, welche echte Religion ist, lehrt uns die Grenzen unserer eigenen Macht, und indem sie die absolute Gesetzmäfsigkeit alles Geschehens beständig betont, verwirft sie die christliche Religion als einen Aberglauben.

Wie schwach ist ihr sittlicher und religiöser Einfluß! ruft man gleich aus; denn bei solcher sittlichen Erziehung werden die M o t i v e der Handlungen des Menschen wenig berührt, und was den religiösen Einfluß der Wissenschaften betrifft, so giebt Spencer eher einen Grund an, warum sie aus dem Schulplan auszuschließen sind, als einen, warum sie gelehrt werden sollten. Wie kommt es, daß Spencer sich damit be-gnügen kann? Wieder ist die Erklärung in seiner Philosophie, namentlich in seiner Psychologie zu finden. Wenn der Mensch kein moralisches Wesen ist; wenn er keine höheren Eigen-schaften hat; wenn er n i c h t b e s s e r zu werden braucht, dann reicht dieser sittliche und religiöse Einfluß weit genug; er ist gerade genügend. Wer aber nicht dieser Ansicht ist, dem ist es klar, daß, wenn die Wissenschaft keine anderen bedeutenden Vorzüge besitzt, sie hauptsächlich in g e i s t i g e r und nicht in sittlicher oder religiöser Hinsicht einen hohen Wert als Lehrgegenstand hat. Daher ist das günstigste Ur-teil, welches gefällt werden kann, nicht das, daß sie fast ausschließlich zu lehren sei, sondern nur das, daß sie eine wichtige Stellung im Schulplan verdient.[1]) Eine nähere Be-stimmung dieses Urteils ist unmöglich, bis die andern Fächer ebenso sorgfältig erwogen und mit denen der Wissenschaft verglichen worden sind. Dies hat Spencer nicht gethan, viel-leicht — obwohl ohne Recht wie gezeigt — weil er sich auf die Übereinstimmung des Nutzens der Kenntnisse mit ihrer Disciplin verlassen hat.

Endlich ist vom z w e i t e n Standpunkte, dem der Geistes-übung aus, der Lehrgang bestimmt. Wenn Spencer recht hat, so giebt die Wissenschaft die beste geistige Disciplin, und da sie das nützlichste Wissen enthält, so sollte sie den Hauptstoff des Unterrichtes ausmachen.

Aber wir haben gefunden, daß er unrecht hat; daß das nützlichste Wissen weit eher eine schlechte als die beste Geistes-

---

[1]) In der That, um die Hauptvorteile der Wissenschaft zu genießen, ist es besser w e n i g e als v i e l e Zweige derselben zu lehren. „Die wissen-schaftliche Methode kann angeeignet werden ohne viele Wissenschaften zu lernen; aber e i n oder z w e i große Zweige derselben müssen genau be-kannt werden!" Quick, Educational Reformers. S. 235.

übung gewährt, und dafs die Vorzüge der Wissenschaft in geistiger Hinsicht sie zu einer Stellung, aber keineswegs der bedeutendsten, in dem Lehrplan berechtigt. Wenn wir alle Vorschläge Spencers ins Auge fassen, so sehen wir, dafs er gemäfs seinem Erziehungsziel und seinen philosophischen Ansichten, allein Sorge für Erkenntnis trägt; dafs er die Hälfte, und nach Herbart die bedeutendere Hälfte, der menschlichen Bildung, die Teilnahme, unversorgt läfst. Dies geschieht nicht, weil er die Ansicht hegt, dafs Erkenntnis an und für sich die schönsten Eigenschaften des Menschen, die lebhafte Teilnahme und den guten Willen ausbildet. Das leugnet er ausdrücklich. „Blofse Kenntnis,“ behauptet er, „übt keinen Einflufs auf das Betragen aus. — — Dieser Glaube an die versittlichende Wirkung intellektueller Ausbildung steht den Thatsachen schnurstracks entgegen und ist a priori widersinnig.“[1])

Es geschieht, wie wir schon wissen, weil er an solche Eigenschaften, an das Bedürfnis und die Möglichkeit ihrer Ausbildung wenig glaubt. Hier kommt es auf Meinungen an. Deshalb führen wir am Schlusse dieses § die Ansichten einiger bedeutenden Männer an, hauptsächlich um zu zeigen, dafs Spencers Ansichten, was das Lehrpensum betrifft, wenig Anklang gefunden haben, dafs vielmehr die ernsten Pädagogen in England und Amerika mit Herbart übereinstimmen und ein sehr absprechendes Urteil über Spencers Stoffauswahl fällen. Dies ist zwar schon aus den obigen Citaten ersichtlich, aber da drehte sich die Frage meistens um kleinere Punkte; hier handelt es sich um die Beurteilung der Stoffauswahl im ganzen, wie sie der Philosoph vorschlägt.

„Die Kunst des vernunftgemäfsen Lebens,“ sagt Professor Laurie, „ist in dem Worte Kultur zusammengefafst; zur Kultur liefern die Naturwissenschaften Beiträge, aber sie können sie selbst nie bewirken. Durch die Betrachtung menschlicher Dinge wird des Menschen Geist ausgebildet; die Betrachtung sinnlicher Dinge in der Form der Naturwissenschaft ist der wahren Ausbildung oder der wahren Kultur nie mehr, als Beitrag und Hilfe leistend.“[2]) Ihm stimmt Joseph Payne vollständig bei mit den Worten: „Während das Treiben der Natur-

---

[1]) Study of Sociology. S. 359 f.
[2]) Prof. Laurie. Training of Teachers. S. 267 u. 268.

wissenschaften zu der Beherrschung der physischen Kräfte des Universums dient, läfst es die gröfseren Kräfte des menschlichen Herzens unberührt; es macht zum Botaniker, zum Geologen, zum Elektricitätskundigen, zum Architekten, zum Ingenieur, aber es macht nicht zum Menschen."[1]) Professor W. H. Payne beklagt Spencers niedrigen Standpunkt in folgender Weise: „In keinem Teile dieses berühmten Kapitels entdecke ich einen Satz, der zu Gunsten einer allgemeinen Bildung ausgelegt werden kann; d. h. einer Bildung, die universell und human ist, oder die unter der Hypothese zu beurteilen wäre, dafs die Menschlichkeit des Kindes den Vorrang haben sollte über seine Funktionen als körperlicher Organismus."[2])

Und den Kernpunkt trifft Campayre[3]) mit der Bemerkung: „Dank der Wissenschaft wird man wissen, was sich ziemt zu thun, wenn man wünscht Arbeiter, Vater oder Bürger zu sein, aber unter der ausdrücklichen Bedingung, dafs man will; und diese Bildung des Willens, soll sie gleichfalls der Wissenschaft überlassen werden? Daran dürfen wir zweifeln."[4])

§ 3. Anordnung des Stoffes und das Lehrverfahren.

Was die Anordnung des Stoffes betrifft, so ist bei Spencer von Konzentration keine Rede; nur das Nacheinander ist berücksichtigt und selbst dies auf eine sehr unvollkommene Weise. Es sind nur vereinzelte Bemerkungen und Andeutungen darüber zu finden, deren Inhalt schon angegeben worden ist. Sie sind so dürftig und unbestimmt, dafs wir auf eine nähere Betrachtung verzichten können.

In den Anweisungen über das Lehrverfahren werden die bis jetzt gewonnenen Hauptprincipien, welche einer guten Lehrmethode eigen sind, zusammengefafst und durch Beispiele ihrer praktischen Anwendung erläutert.[5]) Natürlich fordert

---

[1]) Joseph Payne, Lectures on the Science and Art of Education. S. 261.
[2]) W. H. Payne, Contributions to the Science of Education. S. 245.
[3]) Campayre, History of Pedagogy translated by W. H. Payne. S. 547.
[4]) Die Kulturstufenidee ist in diesem § nicht besprochen worden, weil Spencer sie auf das Lehrverfahren allein anwendet. Wie er dazu kommt, was er unter der Idee versteht etc., wird im folgenden § zur Sprache kommen.
[5]) In dieser Zusammenfassung stützt sich Spencer hauptsächlich auf Pestalozzi.

ein solcher Versuch keine so scharfe Kritik heraus, wie der vor-
angehende, der so viele reformatorische Vorschläge und zweifel-
hafte Behauptungen enthielt. Der Grund, weshalb wir uns hier
des längeren aufhalten, liegt darin, dafs in Spencers Ansichten
ein Vergleich mit denen der Herbartschen Schule nahe liegt,
wie sich das besonders hinsichtlich des Princips der Kulturstufen ergiebt.

Dank der Bestrebungen Herbarts und seiner Anhänger ist
der Forderung, dafs die allgemeinen Principien der Didaktik
im Einzelnen entwickelt und in specifische Gesetze verwandelt
werden sollen, ziemlich Genüge geleistet. Der Philosoph verlangt in Bezug auf die Durcharbeitung des Stoffes nichts, was
die Formalstufen nicht besorgen, und zwar mit einer Vollständig-
keit und Genauigkeit, wie er sie kaum geahnt haben kann. Der
Grundgedanke derselben, stets von der Anschauung zum Begriff
zu gehen, deckt mehrere seiner allgemeinen Sätze, und die,
welche in diesem Gedanken nicht mit einbegriffen sind, welche
z. B. die Selbstthätigkeit und das Interesse des Kindes betreffen, werden gleichfalls in den Formalstufen auf eine weit
bestimmtere Weise bedacht, als der Engländer sich wahrscheinlich denken konnte. Er zeigt wiederholt Beispiele, wie
in bestimmten Fällen. die Selbstthätigkeit zu ermuntern
ist, aber die aus solchen Fällen sich ergebenden und weil auf
der Psychologie ruhend allgemeingiltigen Mittel zu ihrer Er-
munterung in jedem Fach und jeder Stunde, legt er nicht
an den Tag. Wieviel näher steht man diesem Ziel, wenn
man z. B. nur die Bedeutung eines Unterrichtszieles im Ziller-
schen Sinne versteht.

Und bezüglich des Interesses sind die Mafsregeln auch
mehr individueller als allgemeingiltiger Art. Deswegen ist
ihre Verwertung schwer. Die Bedeutung des Interesses im
Unterricht erkennt Spencer an, und zwar scheint er zuweilen
ein unmittelbares Interesse im Herbartischen Sinne zu verlangen.[1]) Aber es ist nur Schein, denn er hat einen ganz
anderen Zweck im Auge. Anstatt das Interesse als unmittelbares Ziel des Unterrichtes hinzustellen, wird es mehr als
Probierstein sowohl des Unterrichtsstoffes, wie der Methode
betrachtet, als Zeichen, dafs der Stoff geeignet und das Lehr-

---

[1]) S. 125 f. S. 160.

verfahren vernunftgemäfs sei; und wenn es in hohem Grade
vorhanden ist, dann wird ein Beweis dafür geliefert, dafs der
Zweck des Unterrichts, nützliche Kenntnisse zu erwerben, ge-
lungen ist. Ohne das rege Interesse scheinen ihm nützliche
Kenntnisse unmöglich dauerhaft und klar eingeprägt zu werden.
Es ist mit anderen Worten: Mittel zum Zweck, anstatt Zweck
selbst; man wird interessiert, auf dafs man besser lerne, statt
dafs man lernt, um ein Interesse, ein vielseitiges, zu gewinnen.
Aufser einigen unvollständigen Lehrproben hat der Philosoph,
nichts Näheres über diesen Punkt geliefert.
  Von den fünf formalen Stufen finden wir nur drei. die
erste. zweite und fünfte von ihm ausdrücklich erwähnt. In
einer Stelle[1]) wird in e i n e m Satz von der Bedeutung einer
Übung in der Anwendung der Kenntnisse gesprochen. Weiter
nichts. Über Apperception hat er sich sehr kurz, aber klar
ausgesprochen. Es geschieht bei der Klage über den zu frühen
und oft unnötigen Gebrauch von Büchern, und die Worte
lauten: „Die in Büchern enthaltenen Worte können nur im
Verhältnis zu der vorausgehenden Erfahrungskenntnis der
Dinge richtig in Gedanken übersetzt werden.“[2]) Aber die volle
Bedeutung dieser Wahrheit kann er nicht erkannt haben, da
nicht mehr darüber gesagt wird. In der dritten Auflage seiner
Psychologie, vom Jahre 1880,[3]) ist die Apperception als psychologische Erscheinung ausführlicher besprochen[4]) und es ist
möglich, dafs er ihren pädagogischen Wert jetzt höher wür-
digen würde.
  Über diesen Punkt schreibt Herr Pastor Quick im Jahre
1868 folgendes: „Unser Zweck sollte sein, das Wissen der
Knaben, welches sie mit in die Schule bringen, mit dem Wissen
zu verbinden, welches sie da erwerben sollen. Ich glaube,
jeder wird zugeben, gleichviel, ob er meint, dafs es zu be-
dauern ist oder nicht, dafs bis jetzt kaum irgend etwas derart
versucht worden ist.“[5])

---

[1]) S. 49.
[2]) S. 48. Über diesen Punkt siehe auch „The Study of Sociology.“
S. 354.
[3]) D. h. 19 Jahre nach dem Erscheinen seines Buches über die
Pädagogik.
[4]) Principles of Psychology. B. I. S. 182—183.
[5]) Essays on Educational Reformers. S. 247.

Es erübrigt noch, der wichtigen Übereinstimmung Herbert Spencers mit Herbart, nämlich hinsichtlich der Kulturstufenidee, zu gedenken. Dafs hierbei eine Übereinstimmung herrscht, dafür liefert folgender Satz schlagenden Beleg. „Die Entstehung des Wissens im Individuum mufs denselben Verlauf befolgen, wie die Entstehung des Wissens im ganzen Menschengeschlecht." [1])

Diese Behauptung wird aus zwei Gründen abgeleitet, erstens aus der Thatsache erblicher Übertragung, wonach man von Natur geneigt ist, seinen Vorfahren in allen Dingen nachzuahmen, [2]) und ferner aus der Thatsache, dafs das Verhältnis zwischen dem Geist und den äufseren Erscheinungen ein unveränderliches ist, so dafs Kenntnis nur in e i n e r Weise gewonnen werden kann. Die zwei Schlüsse, welche daraus gezogen sind und als Grundsätze des Unterrichtes gelten sollen, sind die: Man mufs e r s t e n s in jedem Unterrichtszweige vom Empirischen zum Theoretischen fortschreiten, z. B. mit einfacher Sprachlehre anfangen und mit der abstrakten Grammatik aufhören, und z w e i t e n s mufs man die Selbstthätigkeit der Kinder aufs äufserste ermuntern. Es ist gleich ersichtlich, dafs d i e s e s Princip den Kenntniserwerb allein betrifft. Wie das Volk durch eigene Bemühungen allmählich zu seinem Wissen gelangt ist, so solle auch das Kind so viel wie möglich durch eigene Anstrengung Wahrheiten entdecken und sich Kenntnisse aneignen. Von einem Parallelismus der G e i s t e s - e n t w i c k l u n g des Volkes mit der des Individuums ist hier keine Rede. Einen solchen Parallelismus aber spricht das erste Princip deutlich aus. Wie das Volk erst vereinzelte Thatsachen entdecken und allmählich ansammeln mufste, bevor es der dieser zu Grunde liegenden Gesetze gewahr werden, d. h. zur theoretischen Kenntnis gelangen konnte, so sollte das Kind erst eine ziemlich ausgedehnte Erfahrung sammeln, bevor es ein theoretisches Wissen zu erreichen versucht. Bei beiden ist die Aufspeicherung von scheinbar zusammenhangslosen Erfahrungen auf gleiche Weise nötig und bei beiden wächst auf gleiche Weise die Fähigkeit heran, die ihnen unterliegenden Principien zu begreifen und heranzuziehen.

---

[1]) S. 119.
[2]) Wie Spencer sich dies denkt, wird bald unten zur Sprache kommen.

Der Parallelismus, der hier so kurz aber entschieden ausgesprochen ist, erhält eine nähere Beleuchtung in des Philosophen Psychologie. Zu ihr wollen wir uns jetzt wenden, um die Erklärung dafür zu finden: 1. wie Spencer zu der Aufstellung dieses Principes gekommen ist und 2. ob es für die moralische wie für die geistige Entwicklung gilt.

Bezüglich der Entstehung des Gedankens wird von Spencer M. Comte als sein erster Verkünder anerkannt, was offenbar unrichtig ist, da unter andern Kant und Herbart ihm schon früher Ausdruck gegeben haben.[1] Das Princip hat Spencer jedoch nicht von dem Franzosen einfach geborgt und auf die Pädagogik angewendet. Es ist thatsächlich schon in dem Begriff der Evolution enthalten und man darf behaupten, dafs Spencer zu ihm durch diesen Grundbegriff seiner Philosophie gekommen ist. Wir haben bereits gesehen, was Evolution im allgemeinsten Sinne bedeutet, nämlich einen Fortschritt von einem gewissen Zustande zu einem heterogeneren. Diesem Gesetze gemäfs entwickelten sich aus der Substanz der Erde die niedrigsten Formen des tierischen Lebens. Aus diesen folgten höhere Formen, aus denen noch höhere etc., bis endlich die niedrigste Form des Menschen erreicht wurde. Durch die sich immer fortsetzende Differenzierung hat dann aus dem Barbar der Kulturmensch sich entfaltet, dessen Körper auf verschiedene Weise von dem des ersteren unterscheidbar ist. Und wie sein Körper, so ist auch sein Geist dem des Wildmenschen immer mehr und mehr ungleich geworden. Wie dieser geistige Entwicklungsgang nach Spencer vor sich gegangen ist — das darzulegen sei nun unsere Aufgabe.

Der Fortschritt in der Kultur, den der Mensch gemacht hat, besteht nicht allein in der Anhäufung von Kenntnissen und Einrichtungen. Seine Empfänglichkeit für Eindrücke und seine geistigen Fähigkeiten überhaupt haben sehr zugenommen. Es giebt zahlreiche Beweise, dafs die niedrigsten Rassen zu Denkprozessen mit zusammengesetzten Begriffen unfähig sind. So erzählt Lieutenant Walpole z. B. von den Bewohnern der Sandwich-Inseln, dafs sie rasch auswendig lernen, aber dafs sie ihr Denkvermögen ungern üben. Ein in den Vereinigten Staaten Nordamerikas geltender Grund, warum Negerkinder

---

[1] Hier zeigt Spencer auffallende Unkenntnis der deutschen Philosophie und Pädagogik.

mit den Weifsen zusammen nicht erzogen werden dürfen, ist der, dafs nach einem bestimmten Alter jene beim Lernen nicht in entsprechender Weise mit diesen fortschreiten — ihr Verstand ist einer Entwicklung über einen gewissen Grad hinaus augenscheinlich unfähig. Es wird gleichfalls von dem höchstkultivierten der uncivilisierten Völker, von den Neuseeländern behauptet, dafs, während sie keine Begabung für Entdeckung besitzen und des Generalisierens unfähig sind, sie nichtsdestoweniger die Elementarkenntnisse sich sehr schnell aneignen.[1])

Wie ist solche Unfähigkeit, die ohne Zweifel unsern Vorfahren auch charakteristisch war, überwunden oder überlebt worden? Die Beantwortung dieser Frage führt zu der Erklärung von Spencers Ansichten über einen alten Streitpunkt, nämlich die ursprüngliche Anlage des Geistes. Wir werden finden, dafs er weder auf dem Standpunkte Kants steht, wonach gewisse Formen der Erkenntnis a priori im Geiste liegen, noch auf dem Lockes, wonach alles Wissen durch die eigene Erfahrung eines jeden zu gewinnen ist. Beide Meinungen, glaubt Spencer, stofsen gegen unübersteigbare Klippen. Er hat folgende Ansichten.

Die Seele und das Gehirn (inklusive sämtlicher Nerven) sind keineswegs identisch. Von dem Wesen der Seele kann man nichts wissen; die Seele gehört dem Reiche des Unerkennbaren an, wovon in der Einleitung die Rede war. Deshalb darf man sie nicht mit dem Stoffe identificieren. Aber durch die Untersuchung von allerlei Tieren und Menschen ist konstatiert worden, dafs der Grad der Intelligenz dem Grade der Entwicklung des Nervensystems entspricht, und dafs auch die Seelenthätigkeiten den Nervenreizen entsprechen. Daraus geht hervor, dafs der Zusammenhang zwischen Geist und Nervensystem ein sehr enger ist. Ja man darf die Seele die subjektive Seite von dem nennen, wovon das Nervensystem die objektive Seite ist, und aller Wahrscheinlichkeit nach können die Gesetze der Geistesentwicklung und seiner Thätigkeiten durch Beobachtung der Nervenentwicklung und ihrer Bewegungen aufgedeckt werden. Mit diesem Glauben geht Spencer zu Werke bei seiner Psychologie. Bei uns handelt es sich nur

---

[1]) Für diese und andere Beispiele siehe Spencers „Principles of Psychology." B. I, S. 368 u. 369.

um die Erklärung des e i n e n Punktes, wie er die Entwicklung
des Geistes von einer niedrigen zu einer hohen Kulturstufe
erklärt. Wir haben gesehen, dafs niedrige Völker verwickelte
Begriffe nicht fassen können, während der Kulturmensch sie
leicht fafst. Nehmen wir ein Beispiel, den Begriff der Zeit.
Bei vielen sogenannten „wilden" Menschen ist e i n Jahr die
längste Zeit, die sie begreifen und es giebt solche, die dies
gar nicht thun können. Auf der anderen Seite ist ein Jahr-
hundert und vielleicht eine viel längere Zeit für den Kulturmenschen begreifbar. Wie kommt das?

Bei jeder Person führt tägliche Übung in einer Thätigkeit
geistiger oder physischer Art zu einer gewissen Virtuosität in
derselben. D. h. einfach: „Practice makes perfect." Dies ist
teils dadurch zu erklären, dafs die Nerven als die Organe der
Geistesthätigkeit und als die Beherrscher der Muskelbewegungen
sich an die Thätigkeit gewöhnen. Zuerst ist ihre Bewegung
langsam, aber nach einem physischen Gesetz, welches anwendbar ist auf die Nerven, wird die wiederholte Bewegung immer
leichter. Zuerst ist auch die Kommunikation unter den betreffenden Nerven sehr träge, aber diese Schwierigkeit wird
gleichfalls durch Übung überwunden, bis endlich der Nerven
Bewegung sehr schnell und ihre Verbindung untereinander für
gewisse Handlungen von engster Art ist. So bilden sich die
Nerven aus. Wenn eine neue Thätigkeit von ihnen verlangt
wird, so gewöhnen sie sich an eine neue Schwingung oder
treten wenigstens in eine neue Verbindung miteinander ein.
Durch Übung wird sie vervollkommnet. Auf diese Weise
werden Nerven, die schwach waren, allmählich stärker, und
wo ein Nerv zu einem bestimmten Zweck fehlt, da wird er
durch die stets gegenwärtige Not ins Leben gerufen. Je nach
den Forderungen werden Gehirnfasern höher entwickelt, oder,
wenn sie noch nicht existieren, thatsächlich produziert. Dies
geschieht gemäfs dem Gesetz der Evolution, wonach die
Heterogenität fortdauernd zunimmt. Wo die Forderung zu
einer geistigen Beschäftigung fortwährend vorhanden ist, da
werden gewisse Nerven sich immer mehr vervollständigen.
Das Begreifen der Zeit ist eine solche geforderte Thätigkeit.
Die niedrigsten Völker versuchten den Begriff zu fassen, aber
die Gehirnfasern dazu waren zu unentwickelt. Eine Periode
länger als einige Wochen z. B. war für sie zu lang. Doch

5*

machte jede Generation etwas Fortschritt mit diesem Begriff
und jede erbte von der vorangehenden ein Gehirn, worin die
zum Fassen des Zeitbegriffes nötigen Fasern um ein Weniges
besser entwickelt waren. Diese Fortentwicklung oder Differenzierung der Nerven und das Forterben eines höher entwickelten Gehirns hat sich bis zur Gegenwart fortgesetzt.
Das Resultat davou ist, dafs wir einen weit höheren Begriff
von der Zeit besitzen, als unsere frühesten Vorfahren. Die
uns vermachten und zum Fassen der Zeit nötigen Gehirnfasern
sind zahlreicher und vervollkommneter geworden.

Wie gewisse Nerven für diesen Begriff. so haben andere
für andere Begriffe sich entfaltet. Diejenigen Ideen sind am
vollkommensten, deren entsprechende Nerven am meisten geübt
worden sind, da der Grad der Entwicklung dieser in direktem
Verhältnis steht zu der Häufigkeit ihrer Übung. Solche Ideen
sind die des Raumes, der Zeit, der Gleichheit, des Kausal-
zusammenhanges, der Vorsicht etc. Sie werden täglich und
wiederholt von jedermann gedacht und jeder versucht sie
genauer zu fassen.

Es ist nach Spencer also klar, wie der Fortschritt von
einer niederen zu einer höheren Kulturstufe stattfindet. Er erklärt sich eben durch die Differenzierung der Nerven dem Gesetz
der Evolution gemäfs. Danach werden die Teile des Gehirns
höher entwickelt und vergröfsert, und dieses höher entwickelte
und vergröfserte Gehirn wird der heranwachsenden Generation
vererbt. „Und daher folgt es, dafs der Europäer ein um 20
bis 30 Kubikzoll gröfseres Gehirn erbt als der Papua. Daher
folgt weiter, dafs Fähigkeiten, wie die der Musik, welche in
einigen niederen Völkern kaum existieren. in den überlegenen
Rassen angeboren werden. Daher folgt schliefslich, dafs aus
Barbaren, welche bis zu der Zahl ihrer Finger nicht zählen
können und eine Sprache reden, die nur aus Haupt- und Zeit-
wörtern besteht, unsere Newtons und Shakespeares endlich
entstehen."[1]

So viel für die psychologische Entwicklung des Volkes
bis auf die Gegenwart. Nun entsteht aber die Frage: Mufs
jeder heranwachsende Mensch gerade denselben Gang im kleinen
durchmachen? Und wenn ja, wie geht es dann zu?

---

[1] Principles of Psychology. Bd. I, S. 471.

Denken wir uns ein sehr junges Kind. Sein Gehirn ist
weit gröfser und vollkommener, als das eines Kindes aus der
ältesten Kulturzeit, da es unendlich viele Erfahrungen seiner
Vorfahren in der Form von Gehirnfasern geerbt hat. Aber
diese Erfahrungen liegen nicht da als angeborene Gedanken
oder als Denkformen im Kantischen Sinne, obwohl von den
letzteren nicht sehr weit entfernt. Die Gehirnfasern vertreten
potentielle Kraft, welche sich nur allmählich entfaltet. Die
Entfaltung findet unter zwei Bedingungen statt. Erstens,
das Gehirn, als physischer Körper, mufs viele Jahre wachsen,
ehe es den reifen Zustand erreicht; zweitens, diesem Wachsen
ist die Übung, welche tägliche Erfahrungen schaffen, sehr
günstig, ja notwendig; ohne Erfahrungen wird kein Denken
stattfinden und je mehr das Kind erfährt, desto mehr wird die
den Fasern innewohnende Kraft in Thätigkeit gesetzt und
vermehrt. Unter solchen Bedingungen fängt die Entwicklung
an. Werden die Begriffe sich bald in fast voller Reife zeigen?
Nicht eher als das Gehirn gewachsen ist und unendlich viele
Erfahrungen es hinlänglich geübt haben. Wie das Volk einen
Begriff, z. B. der Zeit, nur nach und nach gefafst hat, so wird
es bei dem Kinde vor sich gehen. Zuerst hat es vielleicht
eine dunkle Ahnung von einigen Minuten, dies wird klarer
und es begreift einige Stunden, dann mehrere Wochen, dann
Monate etc. Das Vermächtnis, welches es erhalten hat, leistet
mächtige Hilfe in diesem Fortschritte: dadurch zeigen sich
früh Begriffe, welche mühsam in jahrhundertelangen Bestrebungen gewonnen worden sind, und dadurch findet ein so
rasches Wachstum derselben statt. Um dies besser zu ver-
anschaulichen, nehmen wir ein anderes Beispiel. Das Kind
soll schon alt genug sein um äufsere Gegenstände zu merken.
Als Antwort auf das lachende Gesicht und die weiche, lieb-
kosende Stimme der Mutter lächelt es. Aber wenn einer sich
ihm nähert, der böse aussieht, Gesichter schneidet und in
barschen Tönen spricht, dann hört sofort das Lächeln auf und
die Gesichtszüge ziehen sich in einen Ausdruck des Unwillens,
der Unlust zusammen. Es fängt an zu weinen, kehrt den
Kopf weg und macht Bewegungen, welche den Versuch seiner
Flucht andeuten wollen. Warum eine so plötzliche Veränderung? Und warum verursacht nicht ebensogut der Mutter
Lachen das Weinen und des Fremden Blick das Lächeln?

Der Grund dafür liegt darin, dafs der Teil des Gehirns, welcher Zeichen der Gefahr und andererseits der Teil, welcher Zeichen der Freude und Freundschaft auslegt, schon im stande ist, solche äufsere Ereignisse in sehr dunkler, instinktiver Weise zu begreifen. Durch eigene Erfahrung weifs das Kind nicht mehr von dem Verhältnis zwischen einem grausigen Ausdruck des Gesichtes und der damit verbundenen Gefahr, als dem Nestling der Zusammenhang bekannt ist zwischen dem möglichen Tode und dem Blick eines sich ihm nähernden Mannes. In beiden Fällen geben die schon teilweise entwickelten Nerven diese Fähigkeit der Unterscheidung und Auslegung. Mit mehr Erfahrung und mit dem Wachstum des Gehirns wird das Kind solche Vorgänge besser verstehen. Was jetzt blofs dunkle Ahnung ist, wird später klares Bewufstsein. Es ist aber klar, dafs die Entwicklung des Kindesgeistes gerade auf dieselbe Weise stattfindet, wie die Entwicklung des Geistes der Menschheit von der frühesten Zeit bis zur Gegenwart stattgefunden hat. Das Kind mufs dieselben Begriffe allmählich fassen lernen, denselben psychischen Gang durchmachen, aber dazu braucht es verhältnismäfsig kurze Zeit. Denn es erfreut sich eines grofsen Vorsprungs, nämlich des geerbten Resultates aller vergangenen Erfahrungen. Dies Resultat liegt in den hochentwickelten Nerven. Diese können durch wenige Übung einem 10jährigen Jungen Begriffe ebenso klar machen, wie sie einem Greis der alten Zeit klar waren. Der Knabe der Gegenwart mufs denselben Entwicklungsgang durchlaufen, wie ihn seine Vorfahren in einer fast unendlich langen Zeit durchlaufen haben, aber dank diesen und dem von ihnen übererbten Resultat, kann er diesen langen Weg aufserordentlich viel abkürzen.

Auf solche Weise folgt nach Spencer der Begriff der Kulturstufen aus dem der Evolution. Es ist jetzt ersichtlich, wie Spencer zu der Behauptung eines Parallelismus zwischen der Geistesentwicklung des Individuums und der des Volkes gekommen ist.

Die zweite Frage, die aufgeworfen wurde, war die, ob dieser Parallelismus ebenso gut auf die moralische wie auf die geistige Entwicklung sich erstreckt. Nach dem Vorangehenden ist zu erwarten, dafs diese Frage zu bejahen ist, und die Erwartung wird bestätigt. Ursprünglich gab es keine ethischen Begriffe; sie sind wie alle anderen, allmählich durch

Erfahrung entwickelt worden. „In der Sprache der Australier giebt es keine Wörter. die der Billigkeit, der Sünde, der Schuld entsprechen. Unter den meisten niedrigstehenden Völkern sind grofsmütige oder barmherzige Handlungen unbegreiflich. D. h. die verwickelteren Verhältnisse menschlicher Handlungen sind in ihren gesellschaftlichen Beziehungen nicht erkannt.“[1])

Der moralische Fortschritt von diesem Zustand zu der gegenwärtigen Kulturstufe ist dem geistigen ganz gleich, und das Durchlaufen dieses Ganges von seiten des Kindes geschieht auch auf gleiche Weise. Eine Erklärung davon würde nur eine Wiederholung von dem schon Gesagten sein und ist darum überflüssig.

Um aber entschiedener zu zeigen, dafs der Parallelismus sich auf die sittliche Entwicklung erstreckt, führen wir zwei Stellen aus Spencers Pädagogik an. „In seinen ersten Jahren durchläuft jeder gebildete Mensch jene Phase des sittlichen Zustandes, wie sie dem barbarischen Stamme eignete, deren Abkömmling er ist. Wie des Kindes Gesichtsbildung — platte Nase, aufgestülpte Nasenlöcher. breite Lippen. weit offene Augen, geringer Gesichtswinkel u. s. w. — eine Zeit lang der der Wilden ähnelt, so auch seine Triebe.“[2])

Die andere Stelle betrifft die Regierung. Hier ist die Übereinstimmung mit Ziller besonders auffallend. Sie lautet: „Lafs die Geschichte deiner Familienregierung die Geschichte unserer Staatsregierung im kleinen wiederspiegeln: im Anfang eine autokratische Oberaufsicht, wo eine solche wirklich von nöten ist. nach und nach ein beginnender Konstitutionalismus, in welchem die Freiheit des Einzelnen schon eine gewisse Anerkennung erlangt; allmählich Erweiterungen der individuellen Freiheit; den Abschlufs bildet der vollständige Zurücktritt der Eltern.“[3])

Es bleibt noch eine Frage übrig: Wenn der Philosoph

---

[1]) Principles of Psychology. B. I. S. 396.

[2] Erziehungslehre. S. 213.

[3]) Daselbst S. 222. Es ziemt sich aber zu bemerken, dafs während Spencer den Parallelismus in geistiger und sittlicher Hinsicht so bestimmt behauptet, der sittliche Teil des Menschen bei ihm überhaupt wenig Anerkennung findet. Inwiefern er von dem rein geistigen Teil nicht wesentlich verschieden ist, wird in dem nächsten § deutlich werden.

von diesem vollständigen Parallelismus so überzeugt ist, warum hat er ihn dann bei der Auswahl des Stoffes nicht in Betracht gezogen?

Es ist natürlich nur eine Vermutung, wenn wir dem Bedenken Ausdruck geben, dafs er vielleicht an die Verwertung des Prinzipes bei der Stoffauswahl nicht gedacht hat, oder dafs er im andern Falle den Weg nicht klar vor Augen sah. Es scheinen zwei wichtige Gründe mafsgebend gewesen zu sein, warum in der Bestimmung des Lehrganges kein Gebrauch von dem Gedanken zu machen war. Der erste ist der, dafs das allererste Ziel der Erziehung, nämlich das Glück, welches durch den Besitz nützlicher Kenntnisse zu erreichen ist, alle anderen Erwägungen fast gänzlich überwiegt. Ob ein Stoff, welchen dieses Ziel fordert, dem Kinde psychologisch angemessen sei, das ist eine Nebensache.

Zweitens: Angenommen aber, dafs es keine Nebensache ist, zu behaupten, dafs die nützlichste Kenntnis die beste Geistesübung schafft, wie Spencer gethan hat, so bedeutet das fast dasselbe wie die andere Behauptung, dafs die nützlichste Kenntnis auch die geeignetste, die psychologisch gesundeste Übung giebt, und wir zweifeln nicht daran, dafs er dies sagen würde. Wenn es der Fall ist, wenn von der Natur die Sachen schon so schön eingerichtet sind, dann braucht man nur nach dem Nutzen allein zu fragen. Nach der prästabilierten Harmonie wird das Nützlichste das psychologisch Geeignetste sein. Also hat Spencers Erziehungsziel psychologische Berücksichtigungen ausgeschlossen oder seine Voraussetzungen haben sie überflüssig gemacht. —

Fassen wir unsere Betrachtungen über das Lehrverfahren zusammen, so ergeben sich folgende Resultate:

1. Spencers Grundsätze enthalten nichts Neues. Sie beziehen sich meistens auf die Formalstufen; ihre Anwendung auf den Unterricht ist aber von andern Pädagogen auf eine weit bestimmtere Weise gemacht worden, als er selbst empfohlen, oder besser gesagt, geahnt hat.

2. Ein vielseitiges Interesse im Herbartschen Sinne fordert er nicht. Im Gegenteil, das Interesse, welches nach seinem Lehrplan einseitig sein mufs, ist nur Mittel zur besseren Einprägung des Wissens.

3. Den Parallelismus zwischen der Entwicklung des Volkes und der des Individuums sowohl in geistiger wie in sittlicher Hinsicht, hat er entschieden behauptet. Er ist dazu geleitet worden durch das Grundprincip seiner Philosophie, den Evolutionsbegriff.[1])

4. Aber dieses Princip hat er bei der Auswahl des Lehrstoffes nicht angewendet, entweder weil er wenig daran gedacht hat, oder weil sein Ziel der Erziehung psychologische Erwägungen ausschliefst, oder weil seine Voraussetzungen es unnötig machen.

§ 4. Hodegetik.

Ein vortreffliches Kapitel ist es, welches Herbert Spencer über sittliche Erziehung geschrieben hat, denn es ist angehäuft mit Wahrheiten, die zwar meistens nicht unbekannt, die aber doch oft unverstanden, ignoriert oder vergessen sind. Die Betonung des Bedürfnisses einer besseren Vorbereitung auf Kindererziehung, die Strafmafsregeln und die neun Ermahnungen am Ende sind alle vorzüglich. Wenn die Eltern und auch die Lehrer[2]) diesem Rate nur folgen wollten, dann würden bessere Resultate der Erziehung sich bald zeigen. Es ist nicht unsere Absicht, alle diese Ratschläge wieder anzugeben, um sie zu erläutern und zu preisen, weil in den meisten Fällen ihre Bedeutung und Wahrheit offenbar liegen. Nur der Grundgedanke dieser Ratschläge soll Gegenstand unserer Aufmerksamkeit sein. Wir wollen daher die Frage beantworten: Wie will Spencer sittlich erziehen? Um sie zu beantworten

---

[1]) Die Idee der Kulturstufen ist von den englischen und amerikanischen Pädagogen sehr wenig besprochen worden. Herr Pastor Quick in einer Recension von Spencers Pädagogik im Jahre 1868 schreibt über diesen Gedanken: „Dies ist ein Thema, worüber ich keine Meinung zu äufsern wage. Es wurde, glaube ich, zuerst von Pestalozzi behauptet." Essays on Educational Reformers, S. 251.

Prof. W. H. Payne, in seinem vor kurzem erschienenen Werke, Contributions to the Science of Education, S. 87—101, widmet diesem Gegenstande ein ganzes Kapitel, worin er ein sehr absprechendes Urteil gegen die Forderung fällt. Es zeigt aber, dafs er nicht verstanden hat, was Spencer damit meinte.

[2]) Diese Gedanken sind ohne Zweifel vielmehr für Eltern als Lehrer gemeint, und zwar für die des höheren Standes, da die hierin empfohlene Behandlung der Kinder die günstigsten Verhältnisse voraussetzt.

und sowohl seinen Erziehungszweck wie das Mittel zu dessen Erreichung zu beurteilen, ist es erst nötig, einige wenige Bestimmungen vorauszuschicken.

Eine Erziehungslehre, welche die Grundsätze der sittlichen Erziehung beleuchten will, muſs vor allem den Begriff des Sittlichen enthalten und ihr Hauptbestreben muſs sein, die B i l d u n g e i n e s s i t t l i c h e n W o l l e n s. Mit diesem Zweck im Auge sollten die Interessen und Neigungen, die Vorsätze und Maximen des Kindes vom ethischen Standpunkte aus besprochen und die Mittel zur richtigen Entwicklung derselben nach psychologischen Principien bestimmt werden.

Enthält Spencers Sittenlehre diesen Begriff? Stellt sie dieses Ziel auf? Erörtert sie die Mittel zu seiner Erziehung?

Durch unsere Bekanntschaft mit seinen religiösen, ethischen und psychologischen Ansichten wissen wir schon seine Weltanschauung und seinen Begriff des Menschen und ahnen daher im voraus die Antworten auf diese Fragen.

Die christliche Religion ist ein Aberglaube: g u t heiſst das, was im ganzen glücklich, b ö s e das, was im ganzen unglücklich macht; die Aufgabe des Menschen besteht darin, sich seiner Umgebung vollständig anzupassen; weiter hat er keine Pflichten; ja dies ist keine Pflicht im gewöhnlichen Sinne; es versteht sich nur von selbst, daſs einer, der kein Thor ist, sich glücklich machen will, wenn er kann.

Wo ist unter solchen Ansichten dem Begriff des Sittlichen Platz gelassen? Aber wenn er keinen Raum hierfür findet, so folgt natürlich, daſs die Bildung eines sittlichen Wollens für ihn nicht Ziel sein kann, und so wird denn kein Mittel zur Erreichung eines solchen Zieles in Betracht gezogen.

Woraus kann denn Spencers Lehre von der sittlichen Erziehung bestehen und warum trägt sie diesen Namen? Dies Letztere wissen wir nicht, aber die Antwort auf jene Frage ist desto leichter.

Auſser den Ermahnungen besteht sie einfach aus einer Straflehre allein und zwar aus einer Lehre von einer bestimmten Art. nämlich der Witzigungsstrafe. Dabei ist der Zweck, dem Ziel der Erziehung gemäſs, k l u g z u m a c h e n und das Mittel dazu die n a t ü r l i c h e S t r a f e, welche aus Unthaten unabweisbar folgt. Diese Art Strafe prägt nachdrücklich in den Geist des Kindes den notwendigen Zusammenhang zwischen Ursache und Wirkung ein. Die Wichtigkeit des Kausalbegriffes ist früher berührt worden, denn die Wissenschaften wurden zum teil deshalb vorgezogen, weil sie ihn am besten entwickelten. Nun kommt die natürliche Strafe ihnen zu Hilfe; sie setzt diese Entwicklung fort und bringt den Begriff in das engste Verhältnis zu den täglichen Handlungen. Wenn ihr freier Spielraum überlassen wird, so wird das Kind in der Beobachtung der Folgen seiner Thaten beständig geschult; es sieht mehr und mehr ein die enge Abhängigkeit der menschlichen Handlungen von dem Kausalbegriff. Dies ist seinem Wohl die dienlichste Lehre, welche erteilt werden kann. „Geistiger Fortschritt ist durch keinen anderen Zug so hinlänglich bezeichnet, als durch die Entwicklung des Kausalbegriffes, da Fortschritt in ihm Fortschritt in so vielen anderen Begriffen in sich fafst.“[1]) Wer diesen Begriff am besten versteht, kann ceteris paribus den Zweck des Lebens am besten erfüllen, d. h. seiner Umgebung oder seinen Verhältnissen am vollkommensten entsprechen und darum am glücklichsten leben. Deshalb ist seine weitere Entwicklung das wahre Ziel der sittlichen Erziehung und die natürliche Strafe die wahre Methode dazu.

Dies ist wohl eine eigentümliche Auffassung der Hodegetik. Aber jeder, der ihr nicht beistimmt, wird doch zugeben, dafs die natürliche Strafe, so lange sie überhaupt notwendig, eine vorzügliche Art, und dafs ihre Anwendung statt der der künstlichen in vielen Fällen sehr zu empfehlen ist. Ihre Vorzüge hat unser Philosoph sehr deutlich hervorgehoben. Dafs z. B. der Übergang der Jugend von dem Zwange des elterlichen Hauses in die Freiheit der Welt hinaus keineswegs so gefährlich, dafs ihre Ausschweifungen selten so unmäfsig sein würden, wenn diese Art Strafe an die Stelle der künstlichen mehr getreten wäre, das ist ziemlich selbstverständlich. Denn in dem Falle würde die Jugend sich schon mehr daran gewöhnt haben, sich auf ihr eigenes Urteil zu verlassen, und indem sie den Kausalbegriff durch Erfahrung besser verstände, würden die Folgen der Handlungen mehr im Sinne und daher die Begierden mehr im Zaume gehalten werden.

---

[1]) Data of Ethics. Williams and Norgate, London 1879. S. 47.

Aber es ist kaum eine Frage, dafs Spencer nicht ihre Vortrefflichkeiten zu hoch geschätzt hat; denn nach ihm ist die natürliche Strafe eine fast überall zureichende und vollkommene. Es wird z. B. behauptet, dafs sie in genauem Verhältnis zu den Überschreitungen stehe. „Ein leichter Unfall zieht einen leichten, ein schwererer einen herberen Schmerz nach sich." Wer, fragen wir, hat konstatiert, dafs eine kleine Unvorsichtigkeit immer einen entsprechend kleinen, oder dafs eine grofse einen entsprechend grofsen Unfall nach sich zieht? Die Erfahrung weist oft das Gegenteil auf; sie zeigt wiederholt Fälle, wo eine bedeutende Unachtsamkeit kein oder nur ein kleines Unglück verursacht, während andererseits die gröfste Sorgfalt grofse Schmerzen nicht vermeidet. Das Stolpern über die Thürschwelle thut zuweilen weh und zuweilen nicht; es hängt von den Umständen, es hängt davon ab, ob einer sein Gleichgewicht verliert und wenn er es verliert, wie und worauf er fällt. Es ist vielfach eine Glückssache, ob der Unfall einen entsprechenden Schmerz zur Folge hat oder nicht. Wie steht es aufserdem mit der Behauptung, dafs die natürlichen Hemmungen den falschen Handlungen unmittelbar oder ohne Zögern folgen? Gewifs hat jede That einen Erfolg, aber die Frage ist, ob er sich bald genug nach der That einstellt und seinen Zusammenhang mit derselben deutlich genug zeigt, damit das Kind sich zeitig warnen lassen kann. Die üblen Folgen des Müfsigganges in der Schule versteht z. B. ein Junge nicht eher, bis es schon zu spät ist, das Versäumte nachzuholen. Und einer, der zur Unmäfsigkeit geneigt ist, darf nicht seiner Gesundheit bedeutend schaden, bevor er überzeugt wird, dafs er diese schlechte Gewohnheit aufzugeben hat. Die Klugheit, welche durch solchen Schaden gekauft wird, kommt zu teuer. Und diesen allein leidet man nicht, man nimmt Gewöhnungen an, die nie oder nur langsam und mit viel Mühe zu überwinden sind. Also ist die natürliche Hemmung der falschen Handlung nicht immer gleich sichtbar, in dem Sinne folgt sie nicht ohne Zögern.

Schliefslich ist ein Punkt noch zu erledigen: angenommen, dafs die Strafe gleich fühlbar wird und in genauem Verhältnis zu der Unthat steht, wird sie von dem Kinde als eine ganz gerechte anerkannt? Die Erfahrung lehrt, dafs dies auch nicht unbedingt der Fall ist; denn Kinder sind geneigt alles

zu personifizieren und wenn ihnen ein Übel geschieht, so
schreiben sie es nur zu leicht der üblen Absicht bekannter
oder unbekannter Personen zu. „Die Gewohnheit", sagt Prof.
Bain, „die Naturgesetze als kalt, leidenschaftslos und absichts-
los in ihrer allumfassenden Anwendung zu betrachten, ist eine
sehr späte und schwere Erwerbung; sie ist ein Triumph der
Wissenschaft oder Philosophie. Anfangs nehmen wir alles Übel
auf, was uns schadet, und sind nur zu bereit, uns umzusehen,
um eine wirkliche Person zu finden, die den Stofs unserer
Wut empfangen soll."[1])

Daher in dem Falle, dafs die Eltern auf irgend welche
Weise im Zusammenhange mit der Strafe stehen, denkt sich
das Kind zu leicht, dafs sie die ganze Schuld daran tragen.

Dennoch sind diese Einwände nur als Beschränkungen
auf die allgemeine Anwendung der natürlichen Strafen gemeint; der Wert dieser wird keineswegs dadurch aufgehoben;
dafs sie im Ganzen aus den von Spencer angegebenen Gründen sehr zu empfehlen sind, haben wir schon behauptet, und
wir bleiben dabei stehen.

Aber obwohl dieser Aufsatz Spencers so ausgezeichnet ist,
umfafst er doch durchaus nicht das ganze Gebiet der sittlichen
Erziehung; denn mit der Besprechung der natürlichen Strafe
fängt er an und damit hört er auf. Wie unvollständig ist
eine solche Zuchtlehre, die nur einen Punkt und dazu auf
keine Weise den wichtigsten in ihrem Gebiete erörtert. Wenn
sie nur die Mafsregeln für die Witzigungsstrafen enthält, was
wird aus der positiven Seite der sittlichen Erziehung? Denn
Strafen sind nur die negative Seite; sie warnen gegen die
Wiederholung einer That, statt zu zeigen, welche Thaten be-
gangen werden sollten. Sie haben eine niederdrückende Wirkung und schrecken von Thätigkeit ab, anstatt zu ermuntern
und zu neuen Thätigkeiten anzureizen. Wird man sittlich
besser, wenn man bei jeder Missethat gestraft wird, ob sie
beabsichtigt wurde oder nicht, während bei den guten Handlungen kein Lob erhält? Denn um besser zu werden braucht,
man auch Beifall. Es ist weit mehr durch solche Ermun-
terung und durch Liebe, als durch kalte Strafe zu erreichen, dafs ein Zögling zu guten Handlungen und einem

---

[1]) Bains Education as a Science. New York 1884. D. Appelton and
Co. S. 118.

richtigen Wollen geführt wird. Und aufserdem ist Unterricht über das Gute zu erteilen. Das Augenmerk mufs auf das Edle und Uneigennützige gerichtet werden, um die positiven Eigenschaften eines guten Menschen zu entwickeln. Solche Gedanken aber haben bei Spencer keinen Platz gefunden. Ein Besserwerden stellt er nicht als Ziel auf. Nur eine vollkommenere Anpassung eines jeden an seine Verhältnisse, eine nähere Entsprechung der äufseren Welt, ist sein Zweck; deshalb sollen meistens Naturwissenschaften gelehrt werden, denn sie beziehen sich auf die physische Welt; die Gesinnungen und edle Gedanken brauchen nicht geachtet zu werden; sie haben eben wenig mit dieser physischen Welt zu thun. Daraus erklärt es sich, warum die sittliche Erziehung ganz und gar im Dienste des Kausalbegriffes stehen soll; das Kausalgesetz ist das wichtigste unter den Naturgesetzen und die Anpassung an dieses ist das höchste unmittelbare Ziel des Lebens. Während Herbart so nachdrücklich betont: „Der Egoismus ist immer nahe genug; seine Kraft kann nie zu starke Gegengewichte vorfinden", lehrt Spencer, vor allem Egoist zu werden. Der Herbartianer wundert sich über eine solche Lehre, denn der Herbartischen Schule erscheint sie ganz und gar verwerflich; sie stellt das als Ziel auf, wogegen diese Schule fortwährend mit gröfstem Eifer kämpft und läfst das fast gänzlich unberücksichtigt, wonach diese am meisten strebt. Deshalb fragt man unwillkürlich: „Ist denn dies wirklich Spencers Meinung? Kann er nicht mifsverstanden worden sein? Oder vielmehr enthält nicht dieser Aufsatz nur einen Teil seiner Ansichten? Und wenn er sie weiter erklärt hätte, hätten wir nicht eine andere Meinung von ihnen erhalten?"

Darauf antworten wir: Mit seinen philosophischen Principien, wie wir sie kennen gelernt haben, stimmt seine Sittenlehre vollständig überein; jene edleren Gedanken würden mit ihnen kaum vereinbar sein. Spencer ist in einer Hinsicht sehr zu loben, er hat, wenigstens was seine Pädagogik betrifft, ein zusammenhängendes, fast nirgendwo sich widersprechendes System. Ob seine Gedanken über Erziehung in der Zukunft sich verbreiten und allgemeine Annahme finden,[1]) oder ob sie bald in Vergessenheit herabsinken werden, das ist von ihnen nicht

---

[1]) Das Buch ist in dreizehn Sprachen übersetzt worden, wie „Men and Women of the Day" berichtet.

allein abhängig. Wie in unserer Einleitung bemerkt wurde, sind sie die Anwendung der Grundbegriffe seiner Ethik, Philosophie und Psychologie und mit diesen ist ihr Schicksal am engsten verbunden.

Wir müssen aber wünschen, daß sie keine weitere Verbreitung finden mögen; denn zur Förderung des Menschenwohls sind sie nicht geeignet. Nach ihnen ist das Ziel des Unterrichts rein eudämonistischer Art; der Lehrstoff berücksichtigt wenig die Interessen der menschlichen Teilnahme; das Lehrverfahren umfaßt hauptsächlich nur längst bekannte Regeln; die Zuchtlehre enthält nicht einmal den Begriff des Sittlichen. Eine solche Pädagogik ist von Grund aus zu verwerfen. In jeder dieser vier Hinsichten bildet sie den stärksten Kontrast zu der Pädagogik der Herbartschen Schule. Wer dieser Schule aus Überzeugung angehört, wer überhaupt das Menschliche in dem Menschen veredeln will, der kann nicht bloß die Spencersche Lehre nicht billigen, er muß gegen sie mit voller Macht beständig kämpfen, bis das Ungesunde und Gefährliche dieser Ansichten völlig überwunden ist.

Folgende Werke wurden insbesondere benutzt:

Spencer: Die Erziehung, von Dr. Fritz Schultze übersetzt. 3. Aufl. Jena 1889.

First Principles. London. 3. Aufl. 1860.

Principles of Psychology. 2 Bde. 3. Aufl. London 1881.

Data of Ethics. London 1879.

Study of Sociology. 6. Aufl. London 1877.

Herbart: Pädagogische Schriften. 2. Bde. 2. Aufl. Herausg. von Willmann. Leipzig 1880.

Prof. Thos. Ribot: Contemporary English Psychology. Übersetzung. London 1873.

Prof. W. H. Payne: Contributions to the Science of Education. London.

Prof. Joseph Payne: Lectures on Science and Art of Education. Boston. U. S. A. 1884.

R. H. Quick: Essays on Educational Reformers. Cincinnati. U. S. A. 1887.

J. G. Fitch: Lectures on Teaching. Cambridge. Engl. 1887.

Prof. Alexander Bain: Education as a Science. New York 1884.

Gabriel Campayre: The History of Pedagogy. Übersetzung von Prof. W. H. Payne. Boston 1886.

Dr. K. Gaquoin: Die Grundlage der Spencerschen Philosophie. Berlin 1888.

Prof. Michelet: Herbert Spencers System der Philosophie. Halle a. S. 1882.

———

Vita.

Zu Crawfordsville im Staate Indiana der Vereinigten Staaten von Nordamerika wurde ich am 2. Juli 1862 geboren. In meinem vierten Lebensjahre zogen die Eltern nach Normal in Illinois. Hier besuchte ich das Gymnasium bis zum 18. Lebensjahre. Darnach erteilte ich ein Jahr Unterricht und besuchte dann auf drei Semester die Universität zu Ann Arbor in Michigan. Nachdem ich dann wieder vier Jahre des Lehramtes gewartet, faßte ich den Entschluß, in Deutschland Pädagogik zu studieren. In dieser Absicht kam ich im August 1886 in Halle a. d. S. an und blieb dort zwei Semester. Da aber in Jena eine eigene Professur für Pädagogik und ein pädagogisches Seminar mit einer Übungsschule aufs neue errichtet worden war, siedelte ich nach dort über, wo ich drei Semester hindurch mich dem Studium dieses Faches besonders gewidmet und an den theoretischen wie praktischen Übungen des Seminars mich beteiligt habe.

In Halle hörte ich Vorlesungen bei den Herren Professoren Conrad, Dümmler, Droysen und Stumpf und in Jena bei den Herren Professoren Rein, Eucken, Liebmann, Lorenz und Pechuel-Lösche.

Inhalt.

www.ingramcontent.com/pod-product-compliance
Lightning Source LLC
Chambersburg PA
CBHW020324090426

42735CB00009B/1398